★ 北京市“高精尖学科建设（市级）——工商管理”项目（19008021087）

互联网金融创新与创业

INTERNET FINANCE

INNOVATION AND ENTREPRENEURSHIP

经济管理出版社
ECONOMY & MANAGEMENT PUBLISHING HOUSE

图书在版编目（CIP）数据

互联网金融创新与创业/朱蓉著．—北京：经济管理出版社，2022.3
ISBN 978-7-5096-8368-2

Ⅰ．①互…　Ⅱ．①朱…　Ⅲ．①互联网络—应用—金融—研究—中国　Ⅳ．①F830.49

中国版本图书馆 CIP 数据核字(2022)第 047050 号

组稿编辑：吴　倩
责任编辑：吴　倩
责任印制：张馨予
责任校对：张晓燕

出版发行：经济管理出版社
（北京市海淀区北蜂窝 8 号中雅大厦 A 座 11 层　100038）
网　　址：www. E-mp. com. cn
电　　话：（010）51915602
印　　刷：唐山玺诚印务有限公司
经　　销：新华书店
开　　本：720mm×1000mm/16
印　　张：12.5
字　　数：201 千字
版　　次：2022 年 3 月第 1 版　　2022 年 3 月第 1 次印刷
书　　号：ISBN 978-7-5096-8368-2
定　　价：68.00 元

前　言

近年来，“互联网+”浪潮席卷全国，互联网和金融的融合发展备受关注。互联网金融的主要业态包括互联网支付、网络借贷、股权众筹融资、互联网基金销售、互联网保险、互联网信托和互联网消费金融等。互联网金融的发展体现在两个方面：一是金融互联网的发展，即传统金融借助互联网技术进行的服务活动；二是互联网金融的发展，即互联网科技企业所从事的金融交易活动。本书从制度创业和商业模式创新的视角对互联网金融场域的发展进行了研究，探讨了互联网金融企业的合法化战略、包容性商业模式和普惠金融、多重逻辑下网络借贷企业的边界和实践、制度创业的条件和制度变革、互联网金融的风险和监管、互联网金融的创业生态系统等。

1. 互联网金融企业的合法化战略

制度理论认为一种新业务是否被社会群体所理解以及接受程度如何会受到组织合法性的强烈影响。权变理论认为组织内外部环境对企业合法化战略选择过程至关重要。创新是企业创业的实质，是企业根据特定的内外部环境条件进行战略选择并提高绩效的手段。成熟场域，如传统银行场域，结构化和制度化程度较高，企业进行制度化前要先去制度化，通过战略行动减弱或打破既有制度，随后对新制度进行制度化与扩散等，并最终获取合法性。而新兴场域，如互联网金融场域，结构化程度低，行动者之间关系薄弱，企业需要利用战略创建新制度，在其制度化的过程中获取制度创业者的支持，然后在新兴场域中推广新制度，最终获得利益相关者的认同。

2. 包容性商业模式和普惠金融

包容性增长强调将所有群体纳入经济体系，让人民公平享受经济发展和社会进步带来的益处，同时为经济发展引入新活力。互联网金融突破了地域限制，以较低成本实现广泛覆盖，显著降低了交易成本。互联网金融不仅专注于焦点企业，而且联结整个价值网络，在价值网络中引入新的合作企业，拓展组织的交易边界，形成包容性的商业模式。这种包容性商业模式能够帮助企业践行经济使命和社会使命，实现财务目标与社会目标的有机结合。包容性增长既关注效率，也关注公平。普惠金融与包容性增长的关注对象和发展理念一致，都注重经济成果在社会中的公平合理分配。普惠金融在发展过程中，着重于为小微企业和金字塔底层（Bottom of the Pyramid，BOP）人群提供金融服务，降低贫困水平。对于金字塔底层人群，普惠金融可以成为良性循环的开端，帮助其满足生存、健康、教育等方面的基本需求，将低收入人群拉入市场当中，扩大消费者数量，有利于市场需求增加，促进经济增长。同时，提高贫困人口的生活水平能够有效降低贫富差距和减少因社会排斥导致的违法犯罪现象，改善社会环境。中国传统金融机构和金融科技公司发展普惠金融，强调构建包容性金融体系，提升小微企业和弱势群体在金融服务上的可获得性。

3. 多重逻辑下网络借贷企业的边界和实践

网络借贷企业通常有两大逻辑：一是财务逻辑（Financial Logic），以利润最大化来指引组织原则、理解合法价值观的构成要素以及恰当的个体和组织行为的假设，要求足够的利润来支持运营和实现信用责任；二是社区逻辑（Community Logic），基于社区身份和文化、相互关系和网络以及地区需求，显示了影响个体和组织认知框架的制度秩序。从制度理论视角出发，社区中的制度压力包括：文化认知压力，即社区意识形态、身份和价值观；社会规范压力，即非营利性组织与企业之间的连接、基础结构等；规制压力，即当地的政策和法律、政治领导等。金融脱媒是P2P（Peer-to-Peer Lending）网络借贷企业迅速被中国投资者和小微企业接受的主要原因，也是P2P企业财务逻辑的核心。发展普惠金融、众筹金融是 P2P 企业社区逻辑的核心，带来不同于传统金融的机制，不仅能帮助传统金融无法服务到的一些创新创业、中小微企业发展，还能满足普通居民的信贷需求。2006~2019 年网络借贷场域经历了四个制度稳定或变革的阶段：①制度稳定，包括边界和实践工作的维持；②制度冲突，包括打破和维护边界，以及破坏和捍卫实践；③制度创新，包括创造新的边界和实践；④制度调整，包括边界内部和跨边界的连接与推动新的实践。

4. 制度创业的条件和制度变革

近年来，我国电商系互联网金融突飞猛进，契合普惠金融核心理念，不断提升金融服务的覆盖率、可得性和满意度，满足人民群众日益增长的金融需求。本书选择京东数字科技集团（以下简称“京东数科”）作为案例研究对象，探讨京东数科在“互联网+零售+金融”的运营新模式中进行制度创业的条件、具体实践和制度变革三者之间的内在关系。研究发现制度创业分为三个阶段：制度创业有利条件的形成、企业多种变革的实施、制度变革的产生。制度创业的有利条件包括组织场域的有利条件，即政府支持、小微企业和“三农”的需求，以及行动者的社会地位，即交叉场域的行动者更有可能成为制度创业者。企业多种变革的实施主要包括三种活动：创造变革愿景，而且愿景需能诊断现存的问题、预测更优的制度并提供合理动机；通过话语策略、调动资源、运用权力和社会资本等方式动员盟友；激励行动者获得并保持愿景，主要是激发合作伙伴的社会认同，从而获得新兴场域中的支持力量。企业多种变革的实施最终引发制度变革，零售企业发展互联网金融服务获得社会的普遍认同，供应商、消费者、政府、小微企业、创新创业者等都能从这个交叉场域的制度创业中获益。零售企业发展互联网金融服务在规制、规范和认知三个维度上已经获得合法性。制度变革在下一轮循环中将进一步促进制度创业有利条件的形成，创造并发展出新的盈利机会。两次创业的基础会有一定差异，但整体上呈现螺旋式上升的趋势。

5. 互联网金融的风险和监管

对于所有金融市场参与者而言，应依法全面纳入监管并持牌经营，平衡好金融创新和金融稳定之间的关系，确保互联网金融在审慎监管下高质量发展。我国对互联网金融进行分业监管，实行“先发展，后规范”的策略，控制金融风险、规范行业发展、维护消费者的合法权益。随着《关于促进互联网金融健康发展的指导意见》《金融科技（FinTech）发展规划（2019—2021年）》等一系列文件的出台，我国互联网金融的政策环境和监管体系不断优化，守正创新、合规经营成为行业发展的总体态势。

6. 互联网金融的创业生态系统

互联网金融场域的行动者，包括从事互联网金融业务的商业银行、互联网科技企业、上市公司、保险公司、监管者、消费者等共同促进了互联网金融创业生态系统的形成和发展。以人工智能、区块链、云计算、大数据（业内常称为ABCD）为代表的核心技术应用不断深化，互联网金融场域的行动者以核心技术为抓手，推进数字化转型和数字赋能，结合创业精神、社会网络、投资资本、金融人才、支持设施等因素促进互联网金融创业生态系统的健康发展。

本书共有七章。第一章主要回答三个问题：互联网金融的内涵是什么？互联网金融的发展概况如何？互联网金融相关研究有哪些？本章揭示了互联网金融的本质和发展过程。第二章从制度创业的视角探讨了上市互联网金融企业的合法化战略，以及多重逻辑下网络借贷企业的边界工作和实践工作。第三章分析了互联网金融的包容性商业模式，总结了我国普惠金融的相关实践。第四章和第五章分别探讨了商业银行和科技企业进行互联网金融创新的理论和实践，提出合作共赢、规范经营是互联网金融健康发展的基础。第六章分析了互联网金融的风险和全球主要国家的互联网监管政策。第七章阐述了互联网金融创业生态系统的构成要素和驱动力量。

期待读者和我们一起走进互联网金融场域，见证中国互联网金融的创新与发展！

朱蓉

2021年6月于北京

目　录

第一章　新经济环境下的互联网金融及其特征 …………………………… 1

一、引言 ………………………………………………………………… 1

二、互联网金融的内涵及发展概况 ……………………………………… 2

三、互联网金融的相关研究 ……………………………………………… 9

第二章　互联网金融再解读——基于制度创业的视角 ………………… 12

一、制度创业与制度逻辑 ……………………………………………… 12

二、制度创业与互联网金融 …………………………………………… 15

三、互联网金融的合法化战略 ………………………………………… 20

四、多重逻辑下的制度创业 …………………………………………… 25

第三章　互联网金融再思考——基于商业模式的视角 ………………… 34

一、普惠金融 …………………………………………………………… 35

二、商业模式 …………………………………………………………… 44

三、包容性商业模式下的互联网金融 ………………………………… 47

四、高管政治关联与社会责任 ………………………………………… 49

第四章 商业银行的互联网金融创新 …… 56

一、商业银行创新实践 …… 57
二、商业银行创新特征 …… 67
三、商业银行发展存在的问题与启示 …… 69
四、城乡居民社会网络与借贷途径 …… 71

第五章 科技企业发展互联网金融 …… 79

一、互联网金融创新的驱动因素 …… 79
二、互联网金融创新的模式 …… 81
三、科技企业的金融布局 …… 100
四、制度创业的条件和制度变革 …… 106

第六章 互联网金融风险与监管 …… 114

一、互联网金融风险 …… 114
二、互联网金融监管原则 …… 117
三、世界主要国家的互联网金融监管 …… 120

第七章 创业生态系统 …… 131

一、创业生态系统 …… 131
二、互联网金融的创业生态系统 …… 132

参考文献 …… 162

后 记 …… 188

第一章　新经济环境下的互联网金融及其特征

一、引言

近年来，“互联网+”浪潮席卷全国，互联网和产业的融合发展备受关注。作为金融后盾，国家信用可以提供一时之便，但会抑制金融创新，没有民间金融的自由发展，就难有现代金融（陈志武，2011）。在“互联网+”的时代，互联网金融应运而生，主要业态包括互联网支付、网络借贷、股权众筹融资、互联网基金销售、互联网保险、互联网信托和互联网消费金融等。

2015 年 7 月，中央十部委联合印发《关于促进互联网金融健康发展的指导意见》，提出积极鼓励互联网金融平台、产品和服务创新，激发市场活力。金融的本质是信息与信用风险，信用风险对互联网金融而言具有基础性意义（杨东，2015），在鼓励创新的同时，规范经营和风险控制成为互联网金融发展的风向标。2016 年 3 月，中国互联网金融协会在上海成立，进一步推动了互联网金融的规范发展。世界银行发布了《2017 年全球普惠金融指数数据库：度量普惠金融和金融科技革命》，详细介绍了全球 140 多个经济体的成年人如何使用账户、支付、储蓄、借贷及管理风险的情况。数据表明通过技术平台进行的支付提高了账户使用率，在中国 57%的账户所有者使用手机或互联网进行购物或支付账单，这一比例约为 2014 年的 2 倍（Demirgüç-Kunt 等，2018）。该报告还表明，在全球范围内，52%的成年人（或 76%的账户所有者）在过去一年中至少使用自己的账户进行过一次电子支付或收到过一次电子支付；在高收入经济体，这一比例为 91%（占账户所有者的 97%）；在发展中经济体，这一比例为 44%（占账户所有者的 70%）。此外，数字支付体量正在上升，从 2014 年到 2017 年，全球成年人进行或接受数字支付的比例增加了 11%；在发展中经济体，使用数字支付的成年人比例上升了 12%，达到 44%（Demirgüç-Kunt 等，2018）。由此可见，互联网金融的发展存在巨大的空间和机遇。

互联网金融侧重于场景应用，金融科技侧重于技术研发，互联网科技企业在其优质场景资源中，将传统金融服务融入线上场景，并对线下场景进行智能升级。商业银行在发展用户线上和移动端的金融服务之外，也在进行线下场景智能化、服务精准化的转型。面对互联网金融浪潮与新兴技术变革，商业银行拥抱金融科技、加快数字化转型，对外合作夯实科技基础，对内孵化重塑核心竞争力。银行系金融科技子公司应运而生，以实现在场景、流量、技术等方面快速布局，既满足银行自身需求，也提供对外技术服务。

二、互联网金融的内涵及发展概况

互联网金融最早可追溯至 20 世纪末，全球第一家互联网银行——美国第一安全网络银行（Security First Network Bank）和 eBay 电子支付子公司——PayPal 相继成立。尽管美国较早出现了互联网金融服务，却并未拥有独立的金融业态（王达，2014）。谢平和邹传伟（2012）提出互联网金融既包含传统金融中介和市场，如银行、证券和保险业等，也包含瓦尔拉斯一般均衡对应的无金融中介和市场情形的所有金融交易和组织形式。狭义范畴的互联网金融仅指互联网企业借助互联网技术提供的金融业务，而广义范畴的互联网金融还包括金融机构利用互联网提供的业务（中国人民银行衡阳市中心支行课题组，2014）。本书的互联网金融概念属于广义范畴。

互联网金融的发展体现在两个方面：一是金融互联网的发展，即传统金融借助互联网技术进行的服务活动，如银行为客户提供网银服务、手机银行 App 服务等。二是互联网金融的发展，即互联网科技企业所从事的金融交易活动，包括支付、理财、投资、融资和其他与金融有关的交易活动。

传统金融机构的互联网发展和数字化转型在各国积极开展。从 20 世纪 80 年代起，美国银行业的经营范围逐步挣脱传统存贷款业务的限制，把目光转向全能化经营，由此逐步形成了可办理几乎所有金融业务的全能银行，其不仅提供低风险的传统银行业务，吸收存款和提供商业贷款，还从事交易业务、并购贷款、管理个人的投资组合、将储蓄投资于国外产品以及设计复杂的结构性贷款等（边卫红，2010），这些业务都是伴随着互联网技术的兴起和广泛应用而开展的。荷兰国际集团（Internationale Nederlanden Group，ING）旗下银行对标科技公司，打造开放式创新平台；汇丰银行将业务模式和企业组织数字化，推进以客户为中心、数字化驱动的流程再造。西班牙对外银行（Banco Bilbao Vizcaya Argentaria，BBVA）在 2006 年创建现代化的 IT 系统，并于 2013 年增加了新的业务部门，即数字银行。阿联酋迪拜国民银行（Emirates NBD）从 20 世纪 90 年代开始提供网络银行和手机银行服务，是该地区第一批拥有数字化的银行之一，并于 2013 年制定了明确的数字化转型战略。

除了传统金融机构，互联网科技企业也成为发展互联网金融的重要力量。互联网科技企业关注小微企业融资和小额信贷，为小微企业和个体创业提供资金支持。中国有大量小微企业、个体创业者和农民，他们是无担保、抵押困难的群体。传统银行认为 20%的客户创造了 80%的利润，在高端客户上竞争激烈，对小利润市场缺乏关注，很难为小微企业解决融资问题。互联网金融中单笔金额较小，但是众多“小众散户”组成巨量长尾。金融的未来不在于传统需求曲线的头部，而在于需求曲线无限长的尾部。互联网金融将金融链条拉长，使金融服务覆盖全社会，特别是低收入阶层。P2P 网络借贷、众筹等互联网金融模式应运而生，为发展普惠金融提供了有效路径。

中国互联网金融的发展大体上可以分为四个阶段。

第一阶段：传统金融互联网化发展（1990~2003 年）。

传统金融互联网化是指通过互联网技术、互联网平台和互联网理念实现传统金融产品和服务定价、发行、销售、交易和衍生活动等相关现象，是传统金融行业主动适应互联网，利用互联网优势实现行业提升和优势再造的产物（王飞，2019）。在这个阶段，传统金融企业将发展方向转向互联网领域。传统金融互联网化适应了金融创新发展的需要，金融创新所需要的新技术和新理念，为传统金融企业获得竞争优势提供了途径。同时，传统金融互联网化可以为小微企业、“三农”和金字塔底层群体等提供金融服务，扩大金融服务覆盖人群，特别是在解决中国地域广及人口发展不平衡问题上，可以利用数据优势进行信息快速、有效的传递，这也是互联网与传统金融相结合的必然结果。

银行、保险和证券行业的互联网化从 1997 年开始。改革开放之后，中国首先致力于银行的专业化转型。根据邓小平提出的“把银行真正办成银行”① 的战略要求，推进构建银行的新体系，四大专业银行相继成立，打破了人民银行“大一统”的格局。从 1994 年起银行向商业化转型，同时强调监督管理体系建设，确立中央银行宏观调控体系。改革开放后保险业发展速度快但基础薄弱，条件艰苦的中国老百姓因低工资的条件约束，难以购买保险产品和服务。1991 年 4 月中国太平洋保险公司成立，1995 年第八届全国人民代表大会常务委员会第十四次会议通过了我国第一部保险法，即《中华人民共和国保险法》，标志着我国保险业进入到了法制建设的新时期。20 世纪 90 年代末，银行、保险和证券开始互联网化，以获得竞争优势。

银行的互联网化。1997 年招商银行率先开通网站进行线上服务，将一些业

① 参见 https：//baike. baidu. com/item/中国银行业的发展与变迁/10988319。

务从线下的营业网点转至线上的网站办理，之后招商银行开通了网上银行支付系统，优化了银行用户的操作与支付结算等服务。为加强互联网业的监管与稳定发展，2000 年中国银行业协会成立，2003 年中国银行业监督管理委员会（以下简称银监会）成立，推进中国四大银行改制和银行业合规稳步发展。

保险的互联网化。1997 年中国第一家保险网站——中国保险信息网成立，同年 12 月新华人寿保险公司完成第一份网上保单，标志着保险业也踏入了互联网发展时代。2000 年 11 月，中国保险行业协会在北京成立。2004 年 12 月中国保险业完成“入世”过渡期。

证券的互联网化。标志性事件是 1997 年中国最早的证券网上交易下单系统诞生。华融信托和闽发证券率先开通了网上证券交易业务，之后其他券商也陆续开通了网上证券委托业务。1999 年 7 月我国颁布《中华人民共和国证券法》，确立了证券市场的地位。2001 年 12 月，中国加入世界贸易组织，中国证券市场开始加快对外开放的步伐。

第二阶段：第三方支付、众筹等多业态诞生（2004~2011 年）。

2004 年，支付宝（中国）网络技术有限公司成立，到 2020 年已成长为服务全球 12 亿用户的数字生活开放平台。2005 年，腾讯计算机系统有限公司（以下简称腾讯）推出在线支付平台“财付通”，为用户提供安全便捷的在线支付服务。同年，瑞士达沃斯世界经济论坛讨论了第三方支付平台的概念。国内主要的第三方支付产品有拉卡拉、中汇支付、通联支付、易宝支付等。2011 年 5 月，中国首个众筹平台“点名时间”成立。2011 年 11 月，股权众筹平台“天使汇”启动。

第三阶段：互联网金融快速发展（2012~2014 年）。

2012~2014 年，中国互联网金融经历了一个高速发展阶段，多种业态纷纷呈现。2013 年 6 月，支付宝和天弘基金推出“余额宝”，产品的用户接受程度远超预期。2013 年 11 月，我国第一家互联网保险公司“众安在线财产保险股份有限公司”揭牌开业，通过互联网进行承保和理赔服务，业务全程在线。新浪、百度、网易等互联网企业也利用资源和用户数量优势发展金融业务，推出多种金融产品。2013 年京东推出了快速融资业务“京保贝”，小贷业务提上日程。2014 年腾讯推出微信支付，第三方支付平台竞争加剧。2014 年 12 月，总部位于深圳的中国首家互联网银行“微众银行”成立。

第四阶段：互联网金融规范发展（2015 年至今）。

2015 年 7 月，中国人民银行等十部门联合印发了《关于促进互联网金融健康发展的指导意见》，按照“依法监管、适度监管、分类监管、协同监管、创新监管”的原则，确立了互联网支付、网络借贷、股权众筹融资、互联网基金销售、互联网保险、互联网信托和互联网消费金融等互联网金融主要业态的监管职责分工，落实了监管责任，明确了业务边界①。依法监管体现了落实全面推进依法治国的要求，适度监管有利于新生事物和新兴业态的发展。不同的互联网金融业态具有不同的业务模式、法律关系和风险特质，应该分类进行指导和监管。协同监管防止监管套利，有利于维护市场秩序。创新监管使监管机构在监管思路、方法上能够与时俱进。

2017 年互联网金融监管工作进一步细化，规范力度加大，各业态都实施了有效的监管措施。2017 年 7 月，中国人民银行互联网金融风险专项整治工作领导小组办公室印发《关于对互联网平台与各类交易场所合作从事违法违规业务开展清理整顿的通知》，同年 9 月中国人民银行等七部委联合下发《关于防范代币发行融资风险的公告》，包括第三方支付、P2P 网贷等互联网金融业务被纳入互联网金融风险监管及治理的范畴（宫建华和周远祎，2019）。2017 年 12 月，中央经济工作会议提出的三大攻坚战中明确指出，防控金融风险是防范化解重大风险这一攻坚战的重点。2017 年底，银监会下发《关于做好 P2P 网络借贷风险专项整治整改验收工作的通知》，完善了对互联网金融模式中的 P2P 监管的相关法律法规。2018 年 3 月，李克强总理在做政府工作报告时指出，强化金融监管统筹协调，健全对影子银行、互联网金融、金融控股公司等的监管。2019 年 8 月，中国人民银行印发《金融科技（FinTech）发展规划

① 参见 http：//www.gov.cn/xinwen/2015-07/18/content_ 2899360.htm。

（2019—2021 年）》，明确金融科技工作的指导思想、基本原则、发展目标、重点任务和保障措施。中国正积极建立一个适应现代金融发展、促进互联网金融创新需要的现代化金融监管体系。

互联网金融不断进行金融服务创新，分业监管促使行业合规健康发展。中国互联网金融大事记如表 1-1 所示。

表 1-1　中国互联网金融发展大事记

阶段	金融企业和互联网企业的重要举措
第一阶段：传统金融互联网化发展（1990~2003 年）	1997 年，招商银行率先开通网站进行线上服务； 1997 年，中国第一家保险网站——中国保险信息网成立； 1997 年，我国出现了最早的证券网上交易下单系统； 2000 年 11 月 16 日，中国保险行业协会成立
第二阶段：第三方支付、众筹等多业态诞生（2004~2011 年）	2004 年，支付宝成立； 2005 年，腾讯成立“财付通”； 2011 年，中国人民银行开始发放第三方支付牌照； 2011 年 5 月，我国首个众筹平台“点名时间”成立； 2011 年 11 月，专注于早期创投服务的天使合投平台“天使汇”成立
第三阶段：互联网金融快速发展（2012~2014 年）	2013 年 6 月，支付宝和天弘基金推出“余额宝”，并于 7 月 1 日上线； 2013 年 6 月，中国农业银行成立“互联网金融技术创新实验室”； 2013 年 7 月，京东宣布进军互联网金融，推出“京保贝”； 2013 年 11 月，我国第一家互联网保险公司“众安在线”揭牌开业； 2014 年 1 月，中国工商银行 e 购商城开业； 2014 年 1 月，腾讯与华夏基金共同开发的微信理财通正式上线； 2014 年 3 月，李克强总理在政府报告中提及互联网金融； 2014 年 12 月，我国首家互联网银行“微众银行”成立，总部位于深圳

续表

阶段	金融企业和互联网企业的重要举措
第四阶段：互联网金融规范发展（2015年至今）	2015年1月，民生银行携多家P2P平台推出资金托管系统； 2015年4月，蚂蚁花呗正式上线； 2016年8月，华为技术有限公司（以下简称华为）联合银联推出Huawei Pay； 2016年10月，小米小贷ABS于上海证券交易所挂牌； 2017年11月，和信贷正式在美国上市； 2018年3月，银监会和中国保险监督管理委员会（以下简称保监会）进行职责整合，组建了中国银行保险监督管理委员会，将银监会和保监会拟订银行业、保险业重要法律法规草案和审慎监管基本制度的职责划入中国人民银行； 2019年5月，包商银行被中国人民银行接管，引发银行间市场和中小金融机构信用动荡； 2019年8月，中国人民银行印发《金融科技（FinTech）发展规划（2019—2021年）》，明确金融科技工作的指导思想、基本原则、发展目标、重点任务和保障措施； 2020年8月，中国证券监督管理委员会发布《公开募集证券投资基金销售机构监督管理办法》，于2020年10月1日起施行； 2020年9月，《经营者反垄断合规指南》发布，建立反垄断合规管理制度； 2021年5月，《网络交易监督管理办法》施行，规范网络交易活动，维护网络交易秩序

延伸阅读1-1

中国经济正在由高速增长阶段转向高质量发展阶段，以数字经济为代表的科技创新成为催生发展动能的重要驱动力。随着大数据、云计算、人工智能、区块链、物联网等数字科技的快速发展，数字经济新模式与新业态层出不穷。新冠肺炎疫情发生以来，网上购物、线上办公、在线教育等数字工作生活形态更加活跃，数字经济覆盖面不断拓展，欠发达地区、边远地区人民群众线上金融服务需求日益旺盛。近年来，中国电子支付尤其是移动支付快速发展，为社会公众提供了便捷高效的零售支付服务，在助力数字经济发展的同时也培育了公众的数字支付习惯，提高了公众对技术和服务创新的需求。同时，经济社会要实现高质量发展，在客观上需要更为安全、通用、普惠的新型零售支付基础设施作为公共产品，进一步满足人民群众多样化的支付需求，并以此提升基础金融服务水平与效率，促进国内大循环畅通，为构建新发展格局提供有力支撑。

随着数字经济发展，我国现金使用率近期呈下降趋势。2019 年中国人民银行开展的中国支付日记账调查显示，手机支付的交易笔数、金额占比分别为 66%和 59%，现金交易笔数、金额分别为 23%和 16%，银行卡交易笔数、金额分别为 7%和 23%，46%的被调查者在调查期间未发生现金交易。

资料来源：《中国数字人民币的研发进展》白皮书，http：//www. pbc. gov. cn/goutongjiaoliu/113456/113469/4293590/index. html。

三、互联网金融的相关研究

国内外关于互联网金融的研究主要针对互联网金融的内涵、具体模式、风险认知、其对传统金融机构的影响等，还包括网络借贷、众筹、第三方支付等互联网金融业态。Lin 等（2001）认为金融中介和市场在部署电子金融（Electronic Finance），行业竞争正在加剧，传统的金融机构因不同的地理位置和实体分支网络而自然地相互区分，但是互联网正在改变基本的商业环境。由于每个人都可以访问互联网，金融机构不能再仅仅通过实体分支主导当地或区域市场，而要提供超越地理边界的独特的产品和服务以保持核心竞争力。Rasiah（2010）研究了网络融资服务质量的可靠性、可操作性和高效性等，归纳并整理出可衡量的维度变量。这些研究有利于网络金融的风险控制。Maskara 等（2021）考察了网络借贷在增强金融包容性方面的作用，结果表明，当一个农村社区的银行网点数量减少时，如果社区中至少有一个银行网点允许人们参与 P2P 市场，那么 P2P 贷款请求就会增加；当城市地区的人均典当行较少时，P2P 贷款请求数量较高。该研究认为 P2P 网络借贷增强了缺乏传统金融机构的农村社区的金融包容性，并为银行较少的城市社区人群提供了一种选择。Ravishankar（2021）研究了印度第一家亲社会 P2P 借贷平台 Rang De，认为亲社会 P2P 借贷平台是数字社会创新的示例，平台在低收入个体和借出者之间建立了虚拟联结，帮助低收入个体获得低利率贷款，网络优势有助于建立一个可持续的商业模式。Landstrom 等（2019）探索了众筹者本身的特点和从“人群”中寻求融资的企业，众筹完成的过程，以及非营利组织、社会企业和营利企业等如何使用众筹平台，还讨论了众筹潜在的风险，包括不平等、风险、欺诈和监管等。Chen 等（2020）探讨了互联网金融的普及对商业银行的潜在冲击，认为网络借贷和第三方支付对商业银行贷款和存款的盈利能力有负面影响；互联网金融的发展通过加剧竞争，降低了贷款的利息收入，增加了存款的利息成本，降低了贷款和存款的增长速度。此外，由于互联网金融平台呈现规模化和动态化特点，如何确保信息安全、实现个人信用评估成为互联网金融平台亟待解决的问题。Zhao（2020）讨论了个人信用评估的重要标准，在区块链、决策树等技术的帮助下，设计了一个面向对象的系统信用评估流程。

国内对互联网金融的研究伴随着互联网金融的实践而展开。陈海强（2014）认为互联网金融正在以第三方支付、大数据金融、网络借贷、众筹融资等寡头垄断发展模式与传统商业银行形成错位竞争。罗暘洋等（2021）以中国第三方支付机构和商业银行为研究对象，分析两类企业竞合互动的演化规律以及相关因素对演化稳定策略的影响。吴佳哲（2015）通过对 Kiva 借贷平台数据的分析，发现 P2P 网络平台中贷款人的行为具有显著的羊群效应，贷款人更加偏好“已筹集百分比”高的借款。江嘉骏等（2020）基于我国网贷市场 651 家平台的日度交易数据，发现网贷平台停业风险与增长速度呈负向关系，监管政策的出台有效降低了平台停业风险，也降低了平台正常运营对高增长的依赖。张卫国等（2020）选取众筹网的交易记录数据，研究了奖励众筹融资绩效与投资者投资和评论活动的动态变化关系。王达（2014）提出从网络经济学的视角对中美互联网金融进行比较时应考虑网络规模因素，网络规模以及由此决定的规模经济对于任何具有网络特征的产业都很重要；并分析了美国互联网金融发展的三个阶段，即20世纪90年代互联网热潮时期、2000年高科技泡沫破灭后以及次贷危机及全球金融危机爆发后，认为美国形成了较为成熟和完整的互联网金融产业链，互联网金融和传统金融存在竞合关系，但融合是主流。霍兵和张延良（2015）根据长尾理论探讨互联网金融公司如何为用户创造价值并据此获取收益，分析了用户数量、交易意愿、交易风险、大数据应用这四个因素对互联网金融企业收益的影响。王静（2015）研究了互联网金融的形态以及对商业银行的冲击，从银行的负债端来看，互联网金融的冲击主要是分流银行存款；从银行的资产端来看，个人和小微企业成为互联网金融主要覆盖群体，形成错位竞争。还有文献从信息工具（杨东，2015）、产业组织（牛华勇和闵德寅，2015）等视角对国内外互联网金融进行了研究分析，总体而言缺少对企业创业过程中战略行动逻辑的研究。

目前，“互联网+”背景下的企业创业大多出现在政策管制强的传统领域，企业必须积极采取战略行动来克服既有的制度约束，制度压力下的企业创业存在“嵌入”和“能动”两种不同的战略选择（蔡宁等，2017）。金融是高规制性行业，合规经营是法律法规要求，也是行业共识。互联网金融借助互联网技术，进行金融与互联网相融合的业务创新，在这个过程中经营实践与监管规制动态交互。互联网金融如何获得合法性，采用什么理论框架来解释企业创业中不同的合法化战略选择值得探究。

第二章　互联网金融再解读——基于制度创业的视角

一、制度创业与制度逻辑

制度创业是指组织或个人认识到改变现有制度或者创造新制度中蕴含的潜在利益，通过建立并推广获得认同所需要的规则、价值观、信念和行为模式，从而创造、开发和利用盈利机会（DiMaggio，1988；Maguire 等，2004）。制度创业关注创业者合理安排资源建立新制度或改变现有制度的行为过程（Garud 等，2007）。现有研究围绕制度创业的建立、成长、变革、衰退及其过程中的合法性，绩效以及模式等问题（李雪灵等，2015）。创业与制度创业在概念上有重叠之处，区别在于制度创业者引入的商业模式不同于制度环境中主导的模式，创业则并不需要这一特点（Battilana 等，2009）。制度创业的诱因有两个：一是组织场域外部环境冲击，在组织场域层面描述新旧制度替代现象，认为环境变化冲击旧有制度而引起变革；二是组织在特定社会位置感受的矛盾，强调制度创业的内生性，认为制度矛盾是变革的内在动力（Seo 和 Creed，2002）。互联网金融的发展引入了不同于传统金融的主导商业模式，通过将互联网技术应用于金融服务，对原有的金融规制、规范和认知带来冲击和变革，形成制度创业。

组织制度学派的分析层次主要是组织场域（Organizational Field）或社会部门（Societal Sector）。组织场域可以包括政府、关键交易伙伴、资金供给者、专业人士和交易机构、特殊利益群体以及大众——任何能够对一个关键组织或者组织群体施加规制性、规范性和认知性影响的参与者（Scott，1991）。根据场域成熟度和所处的经济环境两个维度，组织场域可分为四种类型：发达经济体的新兴场域、发达经济体的成熟场域、转型经济体的新兴场域和转型经济体的成熟场域（苏晓华和王科，2013）。成熟场域中的制度广泛传播，并且得到参与者的高度认可；传播有限且未得到巩固的原始制度（Proto-institutions）则更可能是新兴场域的特征（Lawrence 等，2002）。

制度创业领域出现了一些经典模型，例如，Greenwood 等（2002）把成熟场域中的制度变迁过程分为六个阶段：突然震荡（社会、技术、规制等方面）、去制度化（新主体涌现、局部创业）、前制度化（独立创新、可行的技术方案）、理论化（对组织失灵进行详述和分类、论证解决方案的合法性）、扩散化（客观化、获得实用合法性）和制度再生（获得认知合法性）。Greenwood 等（2002）的模型刻画了制度创业的过程和合法性的形成机制，认为制度变迁的动因是社会、技术和规制的动荡。Greenwood 和 Suddaby（2006）考察了成熟场域中心成员的制度创业过程，用网络位置理论区分了成熟场域中的中心组织和边缘组织，解释了驱动中心组织进行制度创业的原因。Misangyi 等（2008）研究了成熟场域边缘成员的制度创业问题，由于他们缺乏权利和资源，所以必须通过获得社会认同和资源支持来进行制度创业。Maguire 等（2004）研究了新兴场域的制度创业模型，提出了新兴场域制度创业的三个关键过程：占据主导地位，即动员分散的社会行动主体并集中分散的资源；理论化，即集中不同的利益诉求并与不同利益群体建立联盟；制度化，即把新实践与组织惯例、价值观联系起来，建立统一规范。占据主导地位并联合不同利益相关者的行动主体更有可能成为制度创业者，而且占据主导地位也有利于对新实践进行理论化和制度化。Dorado（2005）从机会的角度探讨了组织场域的制度变迁，分析了机会不透明场域、机会透明场域和机会模糊场域三种情况下引起制度变迁的不同可能性。

对于制度与创业之间关系的探讨引起学界的广泛关注。有研究分析了正式制度改善速度与机会型创业之间的关系，正式制度改善速度一方面打破原有均衡，创造新的创业机会，另一方面增加了创业的成本和失败风险，发现正式制度改善速度与个体的机会型创业选择呈倒 U 形关系（王博和朱沆，2020）。郑馨等（2019）探讨怎样的国家制度设计能帮助失败的创业者重新创业，以提升国家创业质量，发现国家层面破产法的友好程度、社会规范的支持程度、风险投资可得性得到改善时，失败的创业者进行连续创业的概率显著提高，其中友好的破产法对失败再创业的激活效应最强。还有研究回答为何在同样制度环境下，个体有差异化创业决策的问题，揭示创业制度环境三类因素影响创业决策的微观机制，即风险感知、机会评估和创业自我效能（古晨等，2019）。

制度创业的核心是利益、代理和制度之间的关系，制度演变则是反映制度创业者权力和利益的政治过程，他们辨别政治机会、提炼问题、动员支持者，并且带头尝试将新的信仰、规范和价值观引入社会结构（Rao 等，2000）。在大多数制度进程的描述中，一旦定义了组织场域和指导性制度，就可以描述促使组织向惯性和同质化发展的力量。稳定性是制度环境的一个方面，但是有必要找出这些力量在制度创业过程中是怎样变化的。第一，组织场域具有动态特征，随着某些组织或组织群体的出现和消亡而演变，随着组织或者组织群体交互作用形式的变化或者彼此力量的消长而演变。第二，随着场域结构的变化，制度也会相应变化。通过政治上的协商，制度会在场域和种群的层面上被重新定义，以反映新场域的利益。

制度逻辑视角是分析社会系统中制度、个体和组织的相互关系的元理论框架（Thornton 等，2012）。制度逻辑视角的一个核心假设是个体和组织的利益、身份、价值观等都是嵌入在普遍制度逻辑之中的（Thornton 和 Ocasio，2008）。制度逻辑视角强调能动（Agency）的概念，即行动者对社会产生影响的能力，表现为改变规则、关系或资源分配。虽然变迁一直被视为与外部冲击联系在一起，稳定则与制度的约束影响有关，但是一系列研究关注行动者创造、维持和打破制度（DiMaggio，1988；Lawrence 和 Suddaby，2006；田志龙等，2015；尤树洋和贾良定，2018），制度逻辑和多元性为解释制度创业奠定了理论基础（杜运周和尤树洋，2013）。

组织研究中对“能动如何成为可能”这一问题从两个视角加以阐释：第一，探索了转化外部冲击中的行动者角色，包括政治和法律事件、社会运动挑战、技术变革，以及场域变革的突破性事件；第二，研究了场域中成员的位置，发现制度创业者通常处于边缘位置，或是新进入者，或是处于连接多个场域边界位置的成员。制度逻辑视角提出了在能动和社会结构方面推动理论发展的几个战略，其中之一就是制度创业（DiMaggio，1988；Levy 和 Scully，2007）。制度创业者参与竞争，以拥有在塑造思想如何制度化的过程中表达自身利益的能力（Hardy 和 Maguire，2008）。

二、制度创业与互联网金融

组织场域参与者的内部互动如何在制度创业过程中进行演化？我们考察了 2010~2019 年互联网金融发展的两个主要变量的总体变化：一是组织场域，其主要问题是在定义互联网金融的制度创业行为时，哪些是相关的。二是情境制度，其问题是对互联网金融企业而言，合法性是怎样被架构和定义的，监管机制和创业机制如何完善并促进企业成长。

（一）组织场域

对于场域制度化程度与制度创业可能性之间的关系，组织制度学派有两种观点：一种观点是当场域制度化程度越低，或者组织场域尚未结构化时，制度创业越可能发生（Fligstein，1997）；另一种观点认为制度创业更可能发生在制度化程度较高的场域（Beckert，1999）。新兴场域的制度化程度往往较低，在中国经济转型情况下，制度化程度较低的互联网金融这一新兴场域中的制度创业值得关注，因为其场域的确定性程度较低，还没有形成完整的结构，处于动态变迁过程中。

互联网金融在进行自下而上的螺旋式创新时，往往会面临制度缺失或空白等现象，企业通过实施合法化战略建立新制度，并推动新制度在新兴场域中扩散开来，进而帮助制度企业者获得认可与支持。然而，自互联网金融的概念提出以来，国内外学者对其经营模式、演化发展和风险监管等方面已有大量研究，但关于互联网金融企业创业过程中合法化战略行动逻辑的探讨却很少，尤其是运用企业层面数据的实证研究更少。互联网金融在实现持续增长的同时也存在一些问题，亟待我们深入探究。

（二）合法性

Suchman（1995）认为合法性是企业利益相关者在现有制度体系内使用规范、价值观和信仰等衡量企业行为是否恰当或准确的假定。Suddaby 等（2017）全面探讨了合法性是什么、在哪里发生，以及如何发生的问题。合法性是企业核心竞争力之一，企业应积极采取行动获取合法性，学者主要从制度路径、战略路径和评价者视角对组织合法性展开讨论（刘云和 Wang，2017）。制度路径视角将合法性界定为组织的内在需求，认为组织可以通过遵守社会规范、符合社会期待的方式获得合法性，缓解制度压力（DiMaggio 和 Powell，1983）。由此组织能够超越单一的目标，实现在场域内组织结构与组织实践的制度同形（Castellano 和 Khelladi，2016）。战略路径视角将合法性视为资源，认为其影响企业的战略选择和绩效，且组织通过对合法性资源的合理运用可以获得社会的支持（Zimmerman 和 Zeitz，2002）。评价者视角认为，合法性取决于受众的态度，是指组织被特定受众认可或支持的程度。也有学者认为，创新合法性是利益相关者对创新在社会情境中是否合理的主观判断（Bitektine 和 Haack，2015）。

组织获取合法性是通过战略上遵循或变革外部环境以促进组织行为与制度规范一致的过程（Zimmerman 和 Zeitz，2002）。组织对制度压力的反应不是消极服从，而是采取了战略性的反应态度——默许、妥协、逃避、挑战或操纵（Oliver，1991）。为了获得合法性，企业在与制度环境的互动中得到不断发展，企业对于制度压力可以表现出积极姿态；在不同的制度压力下，企业在战略反应上表现出被动和主动、低程度和高程度的差别；由于企业对制度压力存在差异化的合法化战略，因此可以预见不同合法化战略将对其长期经济绩效和可持续发展产生影响。

制度合法性主要是从规制、规范和认知三个角度来阐述的。其中规制合法性通过设立规则和奖惩等形式监督组织行为；规范合法性通过社会价值观和社会规范的角色期望约束组织行为；认知合法性通过组织构建其制度环境，并以此赋予组织行为的意义，通过定义“我们是什么”实现对组织的约束，主要来源于有关特定事务或观点的扩散。互联网金融的合法性压力来源主要包括：

（1）规制合法性。来自行业监管部门，主要是中国人民银行、中国银行保险监督管理委员会和中国证券监督管理委员会等的规章制度、通知、意见等的要求。

（2）规范合法性。来自社会道德规范和价值观等社会准则的约束，主要是媒体和公众的要求等，互联网金融业务要符合社会准则的要求。

（3）认知合法性。来自对企业合法性认知的扩散，这种扩散体现为互联网金融业务被大众所了解，在这个过程中，通常是模仿机制在发挥作用，商业银行和互联网科技企业的互联网金融业务会通过模仿机制产生社会影响力，而使没有履行或较少履行社会责任的商业银行和互联网科技企业面临更大的认知合法性压力。

制度压力主要由三个方面构成：服从、避免民事诉讼、法律参与，其中，服从又包含三种情况：被动、限制和机会（Schwartz 和 Carroll，2003），如表 2-1 所示。

表 2-1 制度压力

制度压力类型	主要含义	举例
被动服从	企业做的事情恰好符合制度规定	即使没有制度要求，企业的某种产品还是要符合既定的安全标准
限制服从	根据制度规定，企业被迫做一些事情	通常缴税就是一种限制服从
机会服从	企业为了从事某些活动去寻找制度漏洞，或是由于制度标准较弱而在特定范围内从事某些活动	企业选择在环保、员工福利或消费者保护制度不完善的发展中国家运营

续表

制度压力类型	主要含义	举例
避免民事诉讼	企业尽力避免现在或未来的民事诉讼	不制造危险产品、需要主动召回的产品或环境不友好的产品
法律参与	参与法律可以帮助企业阻止、修正或减缓新的制度规定的实施	企业通常需要为适应新制度规定做一些准备工作

资料来源：Schwartz M. S.，Carroll A. B. Corporate social responsibility：A three－domain approach [J]. Business Ethics Quarterly，2003，13（4）：503-530.

从利益相关者理论来看，互联网金融的利益相关者压力来自主要利益相关者的压力、次要利益相关者的压力和广泛的社会道德压力。具体到传统金融机构和互联网科技公司，其利益相关者的压力来源主要有：

（1）主要利益相关者的压力。股东和员工是其最核心的利益相关者，他们是否愿意将企业利润投入互联网金融业务构成了传统金融机构和互联网科技公司的主要利益相关者压力。

（2）次要利益相关者的压力。政府和行业监管机构是传统金融机构和互联网科技公司合法化战略的次要利益相关者，政府和行业监管机构要求互联网金融业务合规运营，促进互联网金融的和谐持续发展。

（3）广泛的社会道德压力。互联网金融面对的广泛的社会道德压力是媒体和公众的要求，传统金融机构和互联网科技公司不仅要实现自身的可持续发展，同时要减少市场系统风险并保持金融稳定；此外，获得和维持公众对互联网金融的信任是金融业稳定运行的关键。

延伸阅读 2-1

商业银行社会责任与社会绩效

迄今为止的战略研究一直是以产业组织理论（Industrial Organization）和资源

基础理论（Resource-Based View）为支撑的。产业组织理论认为产业结构是企业长期绩效的来源，因此企业单位绩效差异在产业间比产业内大。与之相反的是，资源基础理论认为企业的资源和能力是企业竞争优势的来源，各个企业之间的绩效差异大于产业间的绩效差异。要回答组织决策的制定者如何做出战略选择这个重要的研究问题，仅仅从产业组织理论和资源基础理论出发是不够的，其中很大的缺失是关于制度作为“游戏规则”是如何对企业战略产生影响的探索。

长期以来，古典经济学理论把企业视为不断追求利润最大化的经济人。在这种经济人的假设前提下，企业对社会的贡献主要是经济贡献，那么企业行为就完全是利益驱动的，这就导致了很多不负责任的企业行为。在短期内，这些逐利行为会给企业带来效益；但从长远来看，不负责任的行为必然破坏社会经济秩序、损害企业自身利益，因此平衡短期利益和长期利益是必要的。监管机构要求商业银行在获取经济利益的同时承担相应的社会责任，实现可持续发展。早在 2007 年 12 月银监会就发布了《关于加强银行业金融机构社会责任的意见》，明确指出银行业金融机构发展不仅要关注经济指标，而且要关注人文指标、资源指标和环境指标。坚持经济效益和社会效益的统一是推动提升竞争力的有效途径，也应该成为银行业金融机构实现可持续发展的核心战略。

研究以 62 家中国商业银行为样本，包括五大国有商业银行、12 家全国股份制商业银行和 45 家城市商业银行，涵盖了我国不同规模和不同类型的商业银行，探究了企业社会责任动因，以及企业社会绩效和未来经济绩效的关系。研究采用了专门评价商业银行社会绩效的量表来测量商业银行的社会绩效。研究发现：监管压力、净利率与企业社会绩效正相关，而成本收入比与企业社会绩效负相关；与非上市银行相比，上市银行的社会绩效更好；与城市商业银行相比，全国股份制商业银行的社会绩效更好；此外，企业社会绩效与企业滞后一年的净利率正相关，与滞后一年的成本收入比负相关。

企业社会绩效依赖于经济绩效，而且它们之间是正向关系。冗余资源利于商业银行有更大的投资社会责任活动的空间，进一步而言，更优的资源配置促成了商业银行社会绩效的全面改善。经济困难的银行显然无法为一些传统的社会责任活动（如慈善捐款等）进行任意投资，而经济绩效好的银行则可以产生长期的战略影响，如致力于改善当地的学校或社区条件，从而在根本上改变劳动力状况。这样的资源配置必然对企业形象和社区关系产生重要的战略影响。

对商业银行管理实践的启示：首先，在企业社会责任方面的合理资源配置是有益的，尤其是在改善主要利益相关者关系的条件下益处更大。其次，以前的社会责任研究将企业社会责任活动看成企业战略的附属品，而本研究的结论显示较差的社会绩效将对经济绩效产生不良影响，因此银行管理者需要认识到包括主要利益相关者在内的社会责任战略的重要意义。最后，感受监管压力越大的银行，社会绩效越高；上市银行和全国股份制商业银行的社会绩效相对较高，因此提高商业银行的社会绩效一方面离不开监管部门的努力，另一方面离不开各个商业银行对社会责任战略的重视。

资料来源：朱蓉．中国商业银行社会责任的动因与社会绩效［J］．金融论坛，2014（6）：38-44.

三、互联网金融的合法化战略

（一）理论框架

制度理论认为一种新业务是否被社会群体所理解以及接受程度如何会受到组织合法性的强烈影响。权变理论认为组织内外部环境对企业合法化战略选择过程至关重要。而创新是企业创业的实质，是企业根据特定的内外部环境条件进行战略选择并提高绩效的手段。苏郁锋等（2017）提出从制度视角出发，理解中国经济转型背景下的企业创业活动和过程。企业的制度创业是行动者利用战略改革既有制度或创建新制度并逐步取得合法性的过程，常用的基本单位是组织场域。成熟场域，如传统银行场域，结构化和制度化程度较高，企业进行制度化前要先去制度化，通过战略行动减弱或打破既有制度，随后对新制度进行制度化与扩散等（Maguire 等，2004），并最终获取合法性，使新制度不断被认可。而新兴场域，如互联网金融场域，结构化程度低，行动者之间关系薄弱，企业需要利用战略创建新制度，在将其制度化的过程中获取制度企业家的支持，然后在该场域中推广新制度，最终获得利益相关者的认同。近年来，随着国家制度体系不断完善以及对金融行业的高度重视，采用制度创业战略的企业逐年增多。制度创业战略强调获得合法性，在市场中立足并具有一定合法性后再探讨一般创业战略问题（徐二明和肖坚石，2016）。其中，操纵型战略是组织为搭建支撑基础而采取的预先干涉（Suchman，1995），需要企业积极主动，而不仅仅是被动适应制度环境（Oliver，1997），这是企业制度创业的重要体现。

企业在创业过程中都会面临内外部的环境压力，这些环境因素通过刻画组织早期独特的战略、结构或运营特点，进而对组织生存、组织结构和发展方向等产生持久影响（Dobrev 和 Gotsopoulos，2010），但并不是每个环境条件都会产生组织印记（Imprinting）。组织印记来源于创业者依据先前知识与经验及所处环境而塑造的早期组织特性，组织惯性和制度化使这些特征持续下来。战略认知理论认为，由于存在有限理性甚至非理性，企业的决策会受到认知倾向的影响。机会客观存在，创业者要去主动识别（Mathias 等，2015；Jaskiewicz 等，2015）；同时，创业机会来源于创业者对外部制度因素的考虑、剖析和创造（Jennings 等，2015；Alvarez 等，2015）。在中国互联网金融行业中，既有传统金融机构，也涌现出一大批非金融机构的企业跨界创业进入互联网金融领域。部分创业者有相关金融业务的从业经验，而另一部分创业者可能首次涉足互联网金融行业而缺乏相关经验。因此，这些企业家的组织印记来源表现出了差异性，在获取合法性时，不同企业家会采取何种战略行动逻辑值得研究。

制度学派提出组织获取合法性是遵守制度体系的规则、规范和价值观的结果（DiMaggio 和 Powell，1983）。Suchman（1995）认为合法化是战略选择过程，企业基于内外部环境差异，可分别采取依从、选择和操纵（Oliver，1991）合法化战略。随后，Zimmerman 和 Zeitz（2002）提出了创造合法化战略。徐二明等

（2018）认为新创企业的合法性是在一定基础上逐步确立的，经历了一个不断获得社会认可和支持的合法化过程。结合研究实际，我们对依从型和操纵型合法化战略进行定义，具体如下：依从型合法化战略意味着企业遵循现有制度标准、规范和价值观等，使利益相关者认同并支持新业务、新产品和新服务。创业企业实施依从型合法化战略是利用人们熟知的方法、语言和模式等获取利益相关者支持。而操纵型合法化战略变被动为主动，即通过影响、控制或变革现有制度标准、规范和价值观等使利益相关者理解并支持新业务、新产品和新服务。

基于 Simsek 和 Fox（2015）的理论模型，我们提出中国情境下互联网金融企业的“组织印记—合法化战略—企业绩效”概念模型，选取 111 家在深圳和上海上市的自建互联网金融平台的企业为样本，探讨中国互联网金融企业的组织印记、合法化战略、制度环境与企业绩效之间的关系。

（二）研究结论

我们选取在深沪上市的自建互联网金融平台的 111 家企业为研究对象，统计年份为 2014~2017 年，包括企业基本信息和财务数据，并借助内容分析法对权威媒体报道进行客观衡量，利用 F 检验、豪斯曼检验和回归分析等方法对面板数据进行实证检验。

研究发现：第一，创业者行业经验与企业绩效显著正相关。互联网金融行业属于新兴行业，合法化程度较低，有相关行业经验的创业者更加了解行业制度准则，在开展新业务时更能获得社会公众的理解和认可。第二，依从型和操纵型合法化战略对企业绩效均有显著正向影响，依从型战略的影响程度大于操纵型战略的影响程度。由于操纵型战略在实施过程中有一定难度，企业在开展新兴领域业务时，可以最先使用依从型战略建立一定的合法性，再看准时机实施操纵型战略获取或提高合法性水平。第三，依从型和操纵型合法化战略在创业者行业经验与企业绩效之间都具有部分中介作用。具备特定行业经验的创业者对组织所在行业的规制、规范和制度压力有着更加深刻的理解，在获得合法化的过程中，能够更好地实施依从型和操纵型合法化战略，从而推动企业在开展新业务的过程中突出优势。第四，法律环境负向调节行业经验与企业绩效以及依从型战略与企业绩效的关系，对操纵型战略与企业绩效不具有调节效应。当法律环境严格时，企业家无论如何都要严格遵守行业制度标准，对企业绩效影响较弱；而法律环境充满不确定性时，有行业经验的创业者更能利用先验知识进行战略选择，整合资源以获得合法性地位。合法性高的企业会建立与利益相关者间的密切联系，受环境动态变化的负面影响较小。而采用依从型战略只需对原有产品或服务稍加改进，就能获得一定的市场份额，因此企业更倾向于选择依从型战略。

（三）研究贡献

1. 理论贡献

（1）对组织印记理论形成补充。首先从组织印记视角出发，研究从个体、组织和制度因素三个维度分析了组织印记的来源，探讨了组织印记对合法化战略选择的影响，发现了组织印记在战略选择过程中对企业绩效产生的影响。其次研究验证了创业者行业经验对企业开展新业务的印记作用，弥补了现有文献对组织印记理论机制研究的不足，深化了组织印记在企业发展和演化过程中的应用，强调了历史追溯对研究管理的核心问题，即组织变革的意义（Suddaby和Foster，2017）。研究为解释中国情境下创业企业的成长与发展引入了新的理论视角和实践证据。

（2）发展了合法化战略理论。行业异质性使企业在开展新业务时面临不同程度的制度压力和合法性门槛，企业应当选择恰当的合法化战略。合法化战略是获取并提高组织合法性的有效途径和手段，在现有国内外学者理论探讨的基础上，我们明确了依从型和操纵型两个合法化战略维度，并构建了合法化战略量表，解释了两种合法化战略的内涵与差异。实证结果验证了两种合法化战略对企业绩效的影响程度不同，并且影响程度依据企业所面临的内外部环境而有所变化。

（3）传统金融机构与金融科技企业在互联网金融业务的博弈中走向竞合。很多行业存在马太效应——强者越强，弱者越弱。然而，我们发现了互联网金融行业的参与主体，即金融企业和互联网企业资金实力雄厚，开发新业务可以投入较多资金、人力和时间，成功的概率更大。2017 年堪称中国金融科技企业境外上市的爆发年份，多家互联网金融企业赴美国、中国香港上市，赴美上市更加突出，如信而富、趣店、和信贷、乐信等企业。这些小型金融科技企业能在激烈竞争中生存并发展，得益于其专业化和差异化战略。因此，大企业是好的，小企业也是好的，不再遵循马太效应原理。从行业生态的角度来看，一个国家的竞争力，既需要大型企业，如大型银行，也需要繁盛的小企业，如小型科技公司。在金融业务博弈的过程中，金融企业和互联网企业双方的发展策略将不断调整并最终走向竞合。

2. 管理启示

（1）明确公司创业面临的内外部合法性障碍是成功开展企业创业的前提。企业在进行首次或二次创业开展新业务之前，首先要明确创业活动面临的内外部合法性障碍，并将之与组织自身资源和创业者行业经验等各方面的实际情况相结合，才能避免盲目创业。其次企业应当了解所进行的业务类型，熟悉行业的规制、规范和认知等方面的制度体系，评估企业发展新业务需要面对的外部合法性门槛。确定内外部合法性障碍后，企业依据不同情况进行战略选择，为合理有效经营做好铺垫，并为企业创业战略决策的制定提供理论依据。

（2）强制度约束领域的企业创业需遵循效率机制和合法性机制。“互联网+”传统行业的创业活动所面临的制度压力高于传统创业企业。面临强制度约束时，企业创业不仅要遵循效率机制，合法性对企业生存和发展也意义重大。在遵循效率机制的同时，企业要更加注重制度环境对企业的合法性要求。在实践过程中，企业需遵循效率机制和合法性机制，合法性机制是效率机制的基础，获得社会公众支持的企业往往能获得更加持久的发展；效率机制有助于合法性机制的实施，企业绩效水平的提升使得众多企业相继效仿，企业合法性地位也会越来越牢固。

（3）促进互联网金融的合法化与制度创新。改革开放以来的制度变革是制度企业家推动的结果。当前，市场制度尚需完善，需要众多企业家继续承担制度企业家的责任，积极构建新制度，并推动其发展和完善。同时，政府和公众应当更加包容制度企业家。周其仁（2000）提出一个社会若能包容与保护制度企业家并将制度企业家的创新一般化，就会享受制度创新带来的更多的经济增长。如果制度企业家的制度创新能力得到充分挖掘和发挥，制度创新方能惠及民众。

（4）发展普惠金融有利于实现包容性增长。包容性增长强调将所有群体纳入经济体系，让人民公平享受经济发展和社会进步带来的益处，同时为经济发展引入新活力。而普惠金融将所有群体尤其是不被正规金融机构服务的人群纳入金融体系，使各类群体都能得到合适的金融服务，并促进经济发展和社会进步。因此，普惠金融属于包容性增长，是其在经济金融领域的一项重要举措。事实上，许多国家订立的普惠金融发展整体目标均含有“改善所有人群的福利”，这与包容性增长的目标不谋而合。因此，经济转型期，政府和企业应当在包容性增长背景下积极发展普惠金融，牢牢把握“包容”和“增长”两个主题，在增长的前提下增强包容性，在增加包容性的同时达成可持续增长，从而促进互联网金融真正普惠众生。

四、多重逻辑下的制度创业

我们基于制度逻辑和制度创业的理论视角，收集了 2006～2019 年有关 P2P 网络借贷的媒体报道、P2P 工作坊、企业年报、社会责任报告、网站信息等内容，研究以上述材料作为分析基础，探讨了中国 P2P 场域变革、P2P 企业的多重逻辑以及 P2P 场域的制度创业者及其作用。

（一）场域变革的四个阶段

研究试图回答制度变革和稳定是否可以通过边界工作和实践工作的构造来实现这一问题。在网络借贷场域，我们发现了四个制度稳定或变革的阶段：①制度稳定，包括边界和实践工作的维持；②制度冲突，包括打破和维护边界，以及破坏和捍卫实践；③制度创新，包括创造新的边界和实践；④制度调整，包括边界内部和跨边界的连接与推动新的实践。表 2-2 详细列出了每一个阶段的支持证据。

表 2-2　网络借贷场域的行动者、边界工作和实践工作

阶段一：制度稳定（2006 年以前）	
行动者：边界内部成员（间接融资：金融中介、资金初始供应者、资金需求者）	
边界工作：建立场域边界	实践工作：维持制度化实践
• 我国金融机构（如银行等）以货币形式向客户提供信用。资金需求者和资金初始供应者之间不发生直接借贷关系，金融中介在两者之间发挥桥梁作用	• 在间接融资中，金融机构具有融资中心的地位和作用，以筹集资金和运用资金的方式面对资金初始供应者群体和资金需求者群体
阶段二：制度冲突：挑战者的破坏（2006~2012 年）	
行动者：制度挑战者（直接融资：P2P 平台、借出方、借入方）	
边界工作：打破边界	实践工作：破坏制度化实践
• 2006 年，中国第一家 P2P 平台宜信公司成立。 • 在经济不景气、银行惜贷、个人小额信贷难的情形下，出现了一种提供自然人民间互助借贷的新型网站。以拍拍贷、宜信网为首的这类网站，号称要做“私人借贷领域的淘宝”。 • 以小额贷款公司、P2P 等为代表的非银行信贷实体，扮演着民间借贷领域传统的金融中介角色	• 正规金融体系既不能满足中小企业的融资需求，也没有足够的吸引力将社会资金纳入其中，银行的间接融资作用大打折扣。供需双方绕开银行系统，广泛投入民间借贷领域各取所需
制度冲突：边界内部成员的维护（2006~2012 年）	
行动者：边界内部成员（金融中介、政府）	
边界工作：维护边界	实践工作：捍卫制度化实践
• 2011 年 9 月银监会发布《关于人人贷有关风险提示的通知》，要求银行业金融机构要与 P2P 网贷平台之间建立防火墙，防止民间借贷风险向银行体系蔓延	• P2P 网络借贷由于风险控制、合规经营等方面存在一些问题，被认为游走在灰色地带。 • 多数网贷平台均未取得正规金融信息服务牌照，行业主体良莠不齐，社会认可程度不高

续表

<table>
<tr><td colspan="2">阶段三：制度创新（2013 年）</td></tr>
<tr><td colspan="2">行动者：制度创业者和创新挑战者</td></tr>
<tr><td>边界工作：创造新的边界</td><td>实践工作：创造新的实践</td></tr>
<tr><td>●2013 年，在党的十八届三中全会《中共中央关于全面深化改革若干重大问题的决定》中，普惠金融是我国金融业改革的重要内容之一。
●2013 年国务院出台《关于金融支持小微企业发展的实施意见》，指出利用互联网等新技术不断创新网络金融服务模式。
●商业银行加入互联网金融大潮。例如，民生银行的电商、国内首家银行版 P2P 网贷平台招商银行小企业 E 家金融服务平台等。
●江苏金农股份有限公司与国家开发银行共同发起设立了国有控股的开鑫贷（P2P）平台，服务“三农”和小微企业</td><td>●政府出台政策发展普惠金融，支持互联网金融创新。中国人民银行要求明确网络借贷平台的中介性质，不得触碰两条底线，即非法吸收公众存款和非法集资。
●P2P 企业推出综合财富管理解决方案等创新产品和服务。采用清结算分离模式，但并不能降低行业风险。大批 P2P 平台出现了限制提现、倒闭、挤兑、卷款跑路等问题。
●受国外 P2P 模式影响，招商、平安等多家商业银行将小微金融服务网络化。
●多数学者认为开放个人信用评级和平台数据对发展互联网金融至关重要，加速了网络借贷的理论化进程。
●用户希望在银行担保的前提下在 P2P 网络贷款网站投标，借贷双方最关心的是资金安全，投资者对平台缺乏信心</td></tr>
<tr><td colspan="2">阶段四：制度调整（2014~2019 年）</td></tr>
<tr><td colspan="2">行动者：边界内成员和制度挑战者</td></tr>
<tr><td>边界工作：边界内部和跨边界的连接</td><td>实践工作：推动新的实践</td></tr>
</table>

续表

	• 2014 年互联网金融专业委员会召集包括拍拍贷和红岭创投等在内的 10 家 P2P 企业拟定行业自律规范。
• 银监会：P2P 网络借贷平台明确纳入银监会（现在是银保监会）监管。 • 银行多模式介入 P2P 领域，例如，民生易贷正式运营等。间接融资的行动主体，即银行以多重模式涉足网络借贷领域。 • P2P 行业在不断升温的过程中出现了两极分化和行业洗牌。P2P 企业的战略合作：一是与银行合作，例如，招商银行上海分行与人人贷开始风险保证金托管合作等。又如，融 360 与各家银行（包括交通银行、中信银行、广发银行、光大银行、花旗银行、平安银行等）在信用卡业务上的合作。二是与信托机构合作，例如，宜信与中航信托的合作等。 • 国有资本和上市公司涉足 P2P。例如，北京市海淀区国有资产投资经营有限公司投资北京众信金融，证通电子等 14 家上市公司投资鹏鼎创盈等。 • 民营资本也涉足 P2P 行业。例如，2015 年万达网络金融推出了网络金融小店，为中小商户提供各种金融服务的解决方案。 • 平台面临清盘、转型、兑付困难、立案侦查等不同结果。例如，2019 年 3 月老牌 P2P 平台红岭创投宣布清盘	• 中国社会科学院发布《中国 P2P 网贷发展与评价》报告，并首次发布中国 P2P 网贷评价体系。 • 2014 年 12 月，北京市网贷行业协会成立，江苏省互联网金融协会成立。 • P2P 平台不断进行服务创新，例如，易信除了涉足车、房、农商等各类贷款，还开展了易信租赁等多项业务。2015 年，P2P 平台加速转型，成为基金公司拓展的销售渠道，基金销售互联网化的趋势明显。 • 2015 年 9 月，《关于设立保险私募基金有关事项的通知》指出保险资金设立私募基金，投资方向包括互联网金融等国家支持的产业，为 P2P 和保险资金的合作提供了政策空间。 • 2015 年 10 月，中国人民银行《2015 中国网贷运营模式调研报告》指出，国内 P2P 行业发展，线上引流量与线下找资产相结合的 O2O 模式是比较适合国情的发展模式。 • 2018 年 12 月，互联网金融风险专项整治工作领导小组办公室和网络借贷风险专项整治工作领导小组办公室印发《关于做好网贷机构分类处置和风险防范工作的意见》。 • 2019 年 11 月，互联网金融风险专项整治工作领导小组办公室和网络借贷风险专项整治工作领导小组办公室印发《关于网络借贷信息中介机构转型为小额贷款公司试点的指导意见》

1. 制度稳定

2006年以前，中国借贷场域的制度处于稳定状态，金融机构以货币形式向客户提供信用，形成了以资金初始供应者、金融中介和资金需求者为核心的组织场域。在这个场域中，国有企业由于具有政府背景，更容易获得信贷支持；而中国众多民营中小企业则一直处于融资难、融资贵的境地。有资金需求的民众，例如农民、手工业者等低收入人群很难从金融机构获得资金，普惠金融发展水平低，信贷获取障碍重重。

2. 制度冲突

2006年，中国第一家P2P平台宜信公司在北京成立。2006~2012年，很多P2P平台如雨后春笋般涌现，在资金需求方和资金提供者之间扮演信息中介角色，借贷双方绕开传统金融机构，在平台上直接交易。由于多数网贷平台没有金融信息服务牌照，行业主体良莠不齐，风险控制不到位，无法提现、倒闭、跑路等现象时有发生，因此社会认可程度低。同时，2011年银监会发布通知，要求银行业金融机构与网贷平台之间建立防火墙，阻止网络借贷风险向银行系统蔓延。在制度冲突期，以P2P企业为主体的制度挑战者和以金融机构为主体的传统金融边界内部成员之间的冲突中，P2P行业缓慢发展，缺乏法律规制和社会规范。

3. 制度创新

在制度创新期，普惠金融成为中国金融改革的重要内容之一，商业银行、政策性银行纷纷加入互联网金融大潮。P2P场域的边界得以拓展，政府、银行、学界和用户（借贷双方）成为互联网金融的支持者和参与者。P2P企业和商业银行作为场域的主要实践者利用互联网技术不断创新网络金融服务模式。P2P企业改进传统线上信贷模式，采用线上和线下并行运营的O2O模式，网贷平台同时承担信息中介和风险控制的角色。P2P网贷的核心是整合信息和资源，以吸纳更庞大的业务量。去担保化是P2P发展的趋势，担保公司和P2P平台都无法应对大面积违约风险。受国外P2P模式影响，招商、平安等多家商业银行将小微金融服务网络化。这些新的实践工作推动了P2P行业的进一步发展，也提高了居民和小微企业的金融可获得性。

4. 制度调整

2014 年以来，"互联网+"成为中国社会的热门话题，跨界融合和创新驱动促进了 P2P 行业在中国的迅速成长。2015 年 11 月 3 日，《中共中央关于制定国民经济和社会发展第十三个五年规划的建议》正式发布，规范发展互联网金融首次被纳入国家五年发展规划。2015 年 11 月 5 日，江苏省互联网金融协会、江苏省金融办出台《网络借贷平台巡查制度（征求意见稿）》，力图将跑路等违法违规事件扼杀在萌芽状态。该巡查制度在国内尚属首次，主要巡查风险控制；中国社会科学院、中国人民银行等机构都发布了 P2P 行业的调研分析报告；行业自律协会在各地也陆续成立，虽然目前尚未形成有全国影响力的行业协会和自律规范，但是上述这些创新实践都为 P2P 行业的规范发展发挥了积极作用。P2P 企业的发展路径进行了调整，与银行、信托等开展战略合作；进行服务创新，加速业务转型。2014~2015 年，国有资本、民营资本、上市公司均涉足 P2P 行业，银行、信托、基金等也都和 P2P 平台一起进行了业务创新和合作，P2P 场域边界再次调整。2015 年 9 月保险政策松绑，为 P2P 和保险资金的合作提供了政策空间。在国外，P2P 行业的边界和实践也进行了制度调整，例如，金融巨头高盛涉足 P2P 行业，其业务模式并非借贷撮合，而是通过美国高盛银行（Goldman Sachs Bank USA）为贷款提供融资。为了化解网络借贷信息中介机构的风险，保护出借人的合法权益，2019 年 11 月互联网金融风险专项整治工作领导小组办公室和网络借贷风险专项整治工作领导小组办公室印发《关于网络借贷信息中介机构转型为小额贷款公司试点的指导意见》。可见，国内外 P2P 场域的边界内成员和制度制定者共同推动了 P2P 行业在规制、规范和文化认知层面的发展，成为普惠金融的实践者和创新者。

（二）P2P 组织的多重逻辑

组织的多重逻辑出现在众多领域，包括社会企业、文化产业、医疗和制造企业等。不同的研究得出了有关多重逻辑的不同结论，给学者带来了理论困惑。一些学者将组织中的多重逻辑与反抗和冲突联系在一起（Battilana 和 Dorado，2010），另一些学者则认为多重逻辑可以共生或者融合（McPherson 和 Sauder，2013）。在多重逻辑对组织生命周期的影响方面，一些学者认为多重逻辑对绩效产生威胁，最后导致组织消亡（Tracey 等，2011）；还有些学者认为多重逻辑使组织更加持久、更为创新（Jay，2012）。

P2P 网络借贷企业通常有两大逻辑：一是财务逻辑（Financial Logic），以利润最大化来指引组织原则、理解合法价值观的构成要素以及恰当的个体和组织行为的假设（Davis，2009），要求足够的利润来支持运营和实现信用责任。二是社区逻辑（Community Logic），基于社区身份和文化、相互关系和网络以及地区需求，显示了影响个体和组织认知框架的制度秩序（Marquis 和 Battilana，2009）。从制度视角出发，社区中的制度压力包括：文化认知压力，即社区意识形态、身份和价值观；社会规范压力，即非营利性组织与企业之间的连接、基础结构等；规制压力，即当地的政策和法律、政治领导等（Marquis 和 Lounsbury，2007）。

金融脱媒是 P2P 企业迅速被中国投资者和小微企业接受的主要原因，也是 P2P 企业财务逻辑的核心。中国 P2P 平台的生长历程让我们思考经济领域的两个问题：如何保证被投资的项目有良好的市场前景？如何保护投资者的利益？2012~2014 年，很多 P2P 曾出现限制提现、倒闭、挤兑、卷款跑路等问题，如具有一定规模、各种资质齐全的旺旺贷跑路事件给 P2P 行业声誉带来重创。天力贷、网赢天下、淘金等多家 P2P 网贷平台出现因无法还款而导致投资者受损的情况。中国 P2P 企业作为金融中介需要通过信用评估和投资者保护来重塑市场信心，最终促成 P2P 企业建立自己的市场价值，实现可持续发展。

发展普惠金融、众筹金融是 P2P 组织社区逻辑的核心，带来不同于传统金融的机制，不仅能帮助传统金融无法服务到的一些创新创业、中小微企业发展，还能满足普通居民的信贷需求。2005 年，联合国发起了第一个全球性小额信贷宣传活动，即国际小额信贷年。普惠金融源于英文“Inclusive Financial System”，始用于联合国 2005 年对小额信贷年的宣传，后被联合国和世界银行大力推广。P2P 企业通过建立并推广获得认同所需要的规则、价值观、信仰和发展模式，打破了传统金融垄断，开发并创新盈利机会。P2P 企业应该以当每个人有金融需求时，能够以合适的价格享受到及时、方便、高质量的金融服务为发展宗旨。李克强总理提出了“四众”理论：众创、众包、众扶、众筹。“四众”服务于“双创”，即大众创业、万众创新。一个企业在创新创业过程中需要很多支持和服务，需要整合很多资源，其中金融资源和服务对创新创业至关重要。P2P 企业应立足于创新驱动发展，真正服务于实体经济，为“十三五”期间转变发展方式和优化产业结构提供金融支持。P2P 行业发展的 O2O 模式曾受到各界肯定，例如，P2P 企业通过平台获客优势和科技园区的企业优势资源相结合发展的园区型 O2O 模式就大力支持了一批科技小微企业的发展。

（三）场域中的制度创业者及其作用

在 P2P 的不同发展阶段，P2P 场域中的创业者有所差别，总体而言，P2P 场域中的创业者包括政府和监管机构、P2P 企业、行业协会、银行、用户、专家。他们对 P2P 场域中的制度创业发挥着各自的作用。政府和监管机构从政策和规制层面引导 P2P 行业的发展，有效帮助规范运营的 P2P 企业获得合法性。P2P 企业差别很大，一些合规经营的平台获得快速发展，一些问题平台搅乱市场，还有一些平台违法经营最终获刑。东方创投是深圳的一家 P2P 平台，其吸金案是 P2P 被判非法集资第一案。通过对案件的分析，我们发现 P2P 场域中的核心相关者是监管机构、用户（借出方和借入方）、P2P 平台。其中，P2P 平台的用户在推动 P2P 的制度创业过程中慢慢成长为理性的、对金融风险有一定辨识能力的群体。没有用户的参与，P2P 的制度创业注定是失败的。

（四）结论

信用风险对互联网金融而言具有基础性意义（杨东，2015），规范经营和风险控制成为 P2P 网络借贷发展的风向标。边界和实践的维度不仅可以分析 P2P 场域变革，也可以扩展到分析互联网金融、国企改革等场域中。制度逻辑和制度创业理论为现实中的创新创业问题提供了有效的理论基础和分析框架，对 P2P

企业和场域的创业研究也丰富了制度变革的理论建构。P2P 企业在发展过程中面临两个关键问题：一是没有解决金融的关键问题——信用。由于信息不对称，P2P 平台难以判断潜在客户的信用风险。要想准确评估企业的信用风险，必须解决信息不对称的问题，这也是 P2P 平台需要关注和解决的问题。二是 P2P 平台需要合理布局资产端。随着行业政策的逐步清晰，越来越多的组织和个人加入投资者行业，如何为庞大的资金寻找优质资产？一些平台开始布局基金、保险、私募等业务，发挥财富管理的功能。

第三章　互联网金融再思考——基于商业模式的视角

新的商业模式是对企业的所有业务进行价值链的改变，可能存在与生产行为、销售行为或业务流程相关的创新（Magretta，2002）。Zott 和 Amit（2010）认为商业模式是为了创造价值所设计的利用商业机会进行交易的内容、结构和治理的活动系统。以焦点企业为核心，供应商、合作伙伴和客户参与其中的活动，这些相互依赖的活动彼此交织形成整个价值创造体系。商业模式创新就是利益相关者与焦点企业对相互依赖的活动体系进行的创新（Zott 和 Amit，2010）。

相比传统金融服务，互联网金融的价值创造、价值传递、价值捕获方式（Teece，2010）均发生变化，信息技术的发展给旧有的商业模式带来冲击（Amit 和 Zott，2001），迫使商业模式发生转变。Amit 和 Zott（2001）也指出互联网商业模式不仅能够降低直接交易成本，还可以降低因逆向选择、道德风险、敲诈勒索等引起的间接交易成本。商业模式在技术发展与经济绩效当中起中介作用（Chesbrough 和 Rosenbloom，2002）。Massa 等（2017）对文献进行总结发现，新的商业模式常常用来降低信息不对称程度。

以云计算、移动支付、人工智能等技术为基础，互联网金融企业采取创新的商业模式在短时间内迅速崛起，打破传统金融机构的垄断格局，重新制定行业规则，甚至引领行业发展。在传统金融的转型之际，对互联网金融成功的商业模式和价值创造方式进行观察、解构，对重塑金融规制、规范和认知，推进互联网金融场域的制度创业至关重要。

一、普惠金融

（一）概念界定

2005年联合国首次提出普惠金融概念。国务院颁布的《推进普惠金融发展规划（2016—2020年）》认为普惠金融是指立足机会平等要求和商业可持续原则，以可负担的成本为有金融服务需求的社会各阶层和群体提供适当、有效的金融服务[①]。2019年《政府工作报告》提出要激励加强普惠金融服务，切实改善中小微企业融资紧张状况，降低综合融资成本。

普惠金融主要关注小微企业、贫困人群、农民、老年人和城镇低收入人群等特殊群体，包括四个方面的内容：一是家庭和企业以合理的成本获取较广泛的金融服务；二是金融机构稳健，要求内控严密、接受市场监督以及健全的审慎监管；三是金融业实现可持续发展，确保长期提供金融服务；四是增强金融服务的竞争性，为消费者提供多样化的选择（焦瑾璞等，2015）。

普惠金融受到广泛关注的原因，一方面，扩大金融体系覆盖范围可以帮助经济增长。普惠金融能够让用户以低廉的价格享受金融产品和服务，帮助小微企业和贫困居民取得信贷支持，有利于减少金融排斥现象，提高金融服务的可获得性（李涛等，2016）。另一方面，普惠金融的发展也可能损害经济健康增长。普惠金融发展至今，行业标准和界限尚不清晰，在措施不当的情况下容易出现成本高于收益、结果偏离预期等情况（星焱，2015）。

① 参见《中共中央关于制定国民经济和社会发展第十三个五年规划的建议》辅导读本，人民出版社2015年版。

（二）互联网金融对普惠金融的贡献

在传统商业银行服务过程中，由于未达到授信标准的企业和用户进行信贷调查成本过高、消耗人力过大，传统商业银行往往忽视小微企业或个人的金融需求，造成金融排斥（林雪，2014）。其中小微企业融资问题和“三农”领域金融服务问题尤为突出，主要体现为空间距离远、金融服务不适配、客户能力不足等问题。不平衡不充分的金融服务要求普惠金融工作中应当对资源进行高效、合理配置，互联网金融在其中的重要贡献有以下几个方面：

首先，互联网金融对小微企业和个人信用评级具有重要作用。互联网金融可以通过大数据、云计算、人工智能等信息技术，利用企业税务信息、交易记录信息、企业主信用信息等代替传统的财务信息，在确立信用评级，控制风险的同时为企业提供服务。数字普惠金融能够实现客户的精准识别，通过对用户在平台的行为信息、资金流信息、物流信息等数据进行分析，确定用户画像，对用户的需求和信用等级进行匹配，从而提高金融服务质量。互联网金融市场注重“大笔数，小金额”，极低的门槛就能享受完善的金融服务（王金龙和乔成云，2014），降低普惠金融实践过程中的成本，实现广覆盖、保公平、可获得（中国人民银行衡阳市中心支行课题组，2014），真正深入客户群，惠及大众。

其次，互联网金融能有效缓解农村地区的金融排斥现象。对于偏远地区而言，信息技术的发展能显著降低金融服务过程的运营成本和信息收集成本。金融服务依托指纹识别、移动终端等技术，为农村地区打通“最后一公里”，扩大金融服务在农村地区的覆盖率，实现渠道下沉，改善农村地区的金融环境（马九杰和吴本健，2014）。由图 3-1 可以看出，截至 2020 年底，全国农村宽带用户总数达 1.42 亿户，比上年末增长 5.3%；全国行政村通光纤和 4G 比例均超过 98%，电信普遍服务试点地区平均下载速率超过 70 兆，农村和城市实现“同网同速”①。网络基础设施建设为互联网金融在农村的发展奠定了基础。

---

① 参见 https：//www.miit.gov.cn/gxsj/tjfx/txy/art/2021/art_ 057a331667154aaaa6767018dfd79a4f.html。

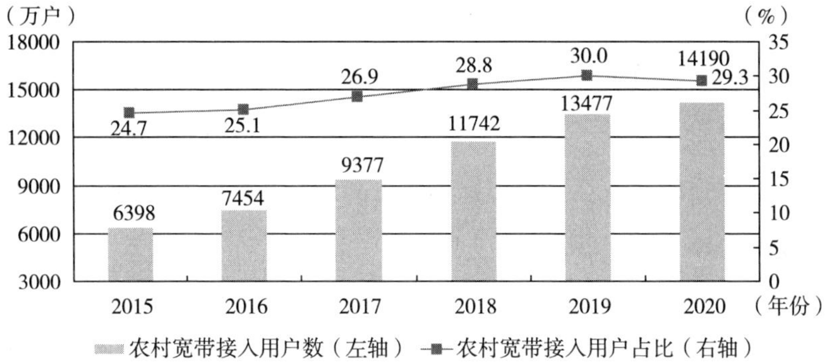

图 3-1　2015~2020 年中国农村宽带接入用户占比情况

资料来源：https：//www. miit. gov. cn/gxsj/tjfx/txy/art/2021/art_ 057a331667154aaaa6767018dfd79a4f. html.

最后，互联网金融作为信息技术与金融融合的产物，能够进一步提升金融服务质量，增强金融普惠性。近年来我国数字普惠金融举措取得显著成果，低收入人群加速“触网”，数字支付水平世界领先，以支付账号和支付平台为基础，互联网金融平台推出了一系列小额信贷、理财、保险、投资服务，以用户为中心，完成场景搭建，实现金融服务由点到面再到体的转变。在需求侧方面，互联网金融扩大了信贷、理财等金融服务范围，降低了交易门槛，为用户提供了更大灵活性和选择度。在供给侧方面，平台的巨大流量和丰富的场景建设激发了中小企业的积极性，接入平台为中小企业提高了可信度，显著提高了金融服务的普惠性。

（三）包容性增长与普惠金融

包容性增长（Inclusive Growth）强调帮助边缘人群参与经济活动并从中受益（Klasen，2010），认为经济增长的益处要惠及所有民众，让被排斥的群体能公平地参与市场、做出贡献并分享成果（Mendoza 和 Thelen，2008）。Prahalad（2005）提出金字塔底层（Bottom of the Pyramid，BOP）蕴含巨大商业潜能，如果企业用创新思维、模式来有效服务于 BOP 市场，就能获得经济回报，同时为消除贫困贡献力量。Banerjee 和 Duflo（2011）认为贫穷国家的人由于缺乏资金和融资渠道、没有正式保险等问题往往会导致更高的利率和经营风险。我们可以通过提供恰当的帮助，使普通人能够参与市场，获得启动项目必需的知识和资金。“授人以渔”以激发金字塔底层原本的企业家精神，帮助其克服制度障碍，实现内生发展（邢小强等，2019）。包容性增长关注不同背景、不同诉求的利益相关者，具有更强的适应性，也因此具备更高的合法性（Legitimacy），更为社会大众所接受（Sabharwal，2014）。

包容性增长既关注效率，也关注公平。普惠金融与包容性增长的关注对象和发展理念一致，都注重经济成果在社会当中的公平合理分配。《中国普惠金融发展报告（2019）》从微观和宏观角度论述了普惠金融对包容性增长的推动作用。微观层面表现为：金融促进经济交换、有利于日常财务资源的管理、改善生活质量、缓解脆弱性、有利于增加生产性投入、有利于撬动资本、树立经济公民身份。宏观层面表现为：加速商品流通提高经济效率、有利于经济稳定、促进社会诚信环境建设、提高政府效率。

实现普惠金融，核心应该是客户第一的价值导向。普惠金融在发展过程中，着重于为小微企业和金字塔底层人群提供金融服务，降低贫困水平。这种发展理念能够帮助全社会提高人力资本，建设更友好的经济环境，提高人均收入水平（星焱，2016）。对于金字塔底层人群，普惠金融可以成为良性循环的开端，帮助其满足生存、健康、教育等方面的基本需求，将庞大的低收入人群拉入市场当中，扩大消费者数量，有利于增加市场需求，促进经济增长。同时，提高贫困人口生活水平能够有效降低贫富差距和社会排斥导致的违法犯罪现象，改善社会环境。

创新聚焦 3-1

商业银行发展普惠金融

普惠金融有别于传统金融，强调构建包容性金融体系，提升小微企业和弱势群体在金融服务上的可获得性。2020 年第四季度末，银行业金融机构用于小微企业的贷款（包括小微型企业贷款、个体工商户贷款和小微企业主贷款）余额

42.7 万亿元，其中单户授信总额 1000 万元及以下的普惠型小微企业贷款余额 15.3 万亿元，较年初增速 30.9%①。

中国农业银行（以下简称农行）围绕“打造‘三农’普惠领域最佳数字生态银行”战略，深耕“三农”和小微金融领域，不断提升金融服务的普适性和直达性。2020 年末，农行普惠领域贷款余额近 1.5 万亿元，信贷支持 157 万普惠型小微企业客户，金融服务 457 万小微企业，荣获 21 世纪传媒“2020 年普惠金融业务银行”称号。农行在乡村振兴、脱贫攻坚、城市发展、绿色金融等方面发展普惠金融，形成了具有农行特色的“三农+小微”双轮驱动的普惠金融服务体系。

金穗“惠农通”工程是创新“三农”金融业务的重要举措，以惠农卡为载体，以网银、手机银行、自助设备等为平台，提高村镇基础金融服务。惠农卡除了具有借记卡存取现金、转账结算、消费、理财等各项金融功能外，还向持卡人提供农户小额贷款载体、农村社保医保身份识别及费用代缴代付、财政补贴代理等多种特色服务，并有一定的金融服务收费减免优惠。惠农 e 贷是农行为农民打造的线上贷款产品，用手机实现在线申请、取款和还款全过程，支持农村和城郊结合部的种植养殖、生产加工、商贸流通等一二三产业。农行按照普惠制、广覆盖、商业化的要求，对农户家庭内单个成员发放小额自然人贷款；还提供农村个人生产经营性贷款，满足农户从事规模化生产经营的资金需求。

面对小微企业金融服务蓝海，农行创新“线上+线下”“个体和集群”“普惠+场景”的三大立体普惠服务模式，以线上和线下全面服务客户需求，以供应链融资服务上下游小微企业，以数字化为客户画像，构建金融服务场景。农行因此荣获 2020 年《银行家》杂志“十佳小微企业金融服务创新奖”。此外，农行推出“绿色智改贷”助力中小企业智能化改造升级，金融支农“寿光模式”支持蔬菜产业集团种苗研发和基地标准化种植。农行在普惠金融方面不断实践，提高渠道覆盖的普遍性、金融服务的普及性、产品应用的普适性，构建价值共赢的金融生态。

① 参见 http://www.cbirc.gov.cn/cn/view/pages/ItemDetail.html?docId=966704&itemId=915&generaltype=0。

2020年中国工商银行（以下简称工行）聚焦缓解民营和小微企业融资难、融资贵问题，健全产品体系，创新服务模式，不断提高普惠金融综合化服务水平，主动提升“融资+融智+融商”的综合金融服务能力，推动“增量扩面、提质降本”，稳步实现普惠金融业务高质量、可持续发展。工行面向小微企业推出了“税务贷”“e商助梦贷”等7×24小时全线上、无抵押、无担保的信用贷款产品，帮助小微企业复工复产、稳定经营，有效缓解了众多小微企业因突发新冠肺炎疫情带来的资金压力。工行荣获《银行家》杂志、中小企业协会、中国银行业协会颁发的“十佳小微企业金融服务创新奖”“2020年度普惠金融奖”“人民之选匠心服务”等奖项。工行在战略、产品、服务、机构、机制等方面主动作为，建立民营企业专项资金规模、专门信贷授权体系和专业服务团队“三大资源保障体系”，综合运用信用风险缓释凭证（CRMW）、纾困基金、债转股等方式解决民企融资难问题，打造“融资+融智”民企专属金融服务体系，积极支持民营经济发展。

2020年中国银行社会责任报告显示，中国银行（以下简称中行）为防疫类企业投放优惠贷款，全力支持疫情防控工作；设置复工复产专项信贷规模2000亿元，并结合扩大授权、简化流程、减费让利等政策，支持各地企业创造更多的就业岗位；在普惠金融、民营企业、个人信贷等领域，通过加大信贷支持力度、创新融资产品、加强融资对接等方式，助力实体经济恢复活力。截至2020年末，“两增两控”口径贷款6116.62亿元，较年初新增1987.14亿元。“百行进万企”活动成功对接556374户企业，累计融资户数10313户，累计融资金融524.27亿元。中行还为有创新创业需求的高校毕业生、返乡农民工、复员转业退役军人等提供创业贷款。

普惠金融让青海藏区同仁县的乡亲们梦想成真。同仁县经济闭塞，是青海省深度贫困县之一。同仁县拥有丰富的牦牛奶资源，但由于地处偏远，缺少系统、先进的制作工艺，资源难以被充分利用。2014年，才洛加成立了牦牛乳品开发公司，致力于将原生态的藏族乳制品送出青海，打造青海的“绿色食品名片”。然而，资金紧缺导致企业销售渠道闭塞、业务半径狭窄，公司在成立初期发展比较困难。2018年，中国银行青海省分行深入同仁县，为当地小微企业提供融资服务，在中行信贷资金支持下，才洛加的牦牛乳品开发公司凭借产品优势、稳扎稳打的经营管理，打开了市场，并受到新西兰一家乳制品公司的青睐，成为其在中国西北地区的第一家合作伙伴。

资料来源：根据各银行社会责任报告和公开资料整理。

要实现包容性增长和普惠金融，需要各利益相关者的协同。利益相关者协同是寻找并利用机会，为两个及以上的利益相关者同时创造价值，且不减少其他群体的价值创造（Tantalo 和 Priem，2016）。由于个体的效用感知存在差异（Bridoux 和 Stoelhorst，2014），组织能够利用不同利益相关者对同一事件的不同偏好，最大化总体的价值创造，而非进行价值转移。甚至不同利益相关者之间可能存在互补需求，一种创新多重受益，从而实现协同作用（Tantalo 和 Priem，2016）。利益相关者协同作用更多体现在生态系统上，包括商业生态系统、创新生态系统、平台生态系统，而非单个公司或供应链当中。商业生态系统以核心价值主张为指引，匹配多边参与者，形成多边伙伴之间互补的结构安排（Adner，2017；韩炜等，2021）。创新生态系统关注创新及构成创新的组织，是“通过这种协作安排，公司将各自的产品组合成提供给客户的统一的解决方案”（Adner，2006）。平台生态系统聚焦于平台，及平台支持者与补充者之间的依存关系，平台服务质量和影响扩散因子是其发展的重要因素（田剑和徐佳斌，2020）。发展互联网金融生态系统有利于普惠金融实践，实现包容性增长。

延伸阅读 3-1

打造数字金融生态

数字金融促进了金融业务的创新，改变的是金融业的实现手段和商业模式，并没有改变金融的功能和本质。在中国，信息技术与金融的融合大体经历了两个阶段：第一阶段是 20 世纪 80 年代初到 2003 年，这段时期主要是金融机构发起和主导的金融电子化和信息化的过程。金融企业通过引入先进的信息技术，提高了金融业务的实现效率。信息技术企业、互联网公司是金融业的技术提供商或服务提供商，它们并没有进入金融体系，没有向消费者提供金融产品和服务。第二阶段以2004年支付宝诞生为标志，它开启了互联网、信息技术改变中国金融商业模式的进程。互联网企业提供金融产品和服务，改变了传统金融业的结构。2007年，苹果iPhone开启了移动互联网的时代，手机等移动终端逐步取代传统的POS机，成为新的支付工具。

数字金融生态系统挑战了传统的金融体系。首先，数字金融挑战传统的支付与清算结构。支付渠道和金融产品的销售渠道是传统银行的两大渠道业务，数字金融的发展改变了传统金融的渠道结构。在支付宝和微信支付出现之前，消费者直接通过银行渠道实现资金支付和金融产品的购买。当互联网第三方支付渠道成为主流支付渠道之后，消费者直接面对的是第三方支付软件，软件后面是不同的银行，银行退居支付渠道的后端，成为第三方支付的后台。其次，数字金融挑战传统金融业的信息匹配方式。金融行业的重要功能之一是资金的融通，即借贷业务，是资金在借款人和贷款人之间的匹配。P2P网络借贷出现之后，作为金融信息匹配的中介，具备了金融媒介的功能，把大量个体之间的借贷需求直接对接在一起，这是传统金融模式难以实现的。最后，数字金融挑战传统金融业的数据优势。金融业本质上是关于风险和信用的行业，风险和信用的评估高度依赖于数据，金融业是数据密集型行业。与金融业一样，互联网企业经营的也是数据。许多互联网公司都是信息服务企业，它们通过提供互联网交易、社交、搜索等服务掌握了大量的消费者数据，这些数据资源帮助互联网公司建立起自己的征信体系，从而进入金融行业。

资料来源：黄浩．数字金融生态系统的形成与挑战——来自中国的经验［J］．经济学家，2018（4）：80-85.

创新聚焦 3-2

中国邮政储蓄银行发展数字普惠金融

数字普惠金融是我国农村金融服务的大势所趋。近年来，随着大数据、区块链、人工智能等新技术的发展，农村数字普惠金融成为缓解“三农”客户和小微企业融资难，提升农村金融服务质效的重要抓手。中国邮政储蓄银行（以下简称邮储银行）主动顺应农业农村数字化趋势，坚持科技驱动和创新发展，摸索出了一套具有邮储特色的农村数字普惠金融服务模式，全力助力乡村振兴。

基于信息技术的数字金融的发展，为破解农村金融市场融资难题，打通金融服务“最后一公里”提供了条件。一方面，数字技术有助于降低农村金融交易成本。手机银行、网上银行等电子化渠道的普及，移动设备的应用，线上产品的创新，使农村金融服务不再依赖高成本的网点和人员投入，农户足不出户就能够享受到便利的金融服务，提高了服务效率，改善了客户体验。另一方面，数字技术有助于商业银行精准获客、智能风控。商业银行通过内部数据整合、外部数据互联等方式，能够更加高效、准确地整合农村客户零散信息，对农村客户进行精准画像。

邮储银行不断将普惠金融服务与新兴科技相结合，构建“4321”数字普惠金融模式，进一步提升普惠金融服务的覆盖面和便利性。“4”是构建数字化的营销、产品、运营、风控体系。营销方面，推动线上线下相融合，搭建了“2+5”（“2”是“线上+线下”；“5”是线上精准推送、平台引流、线下自营、邮政代理、关键人二维码营销）数字化全方位立体式营销体系。产品方面，加快线上产品自主研发，推进线下产品数字化改造，形成了“标准+个性、线上+线下”的普惠金融产品架构。运营方面，大力推进业务移动化、无纸化、自动化，形成了“移动展业+信贷工厂”的数字化运营模式。风控方面，应用人脸识别、数据分析、人工智能等技术，形成“精准客户识别+风控模型+预警模型”贯穿业务全流程的数字化风控体系，结合线下力量，实现全面、全程、全员的风险管控。

“3”是健全体制、机制、队伍三大保障。体制方面，不断健全三农金融服务组织机构和职责，形成了支持乡村振兴金融服务领导小组、三农金融服务管理委员会、三农金融事业部三层专业化为农服务的组织架构，在三农金融事业部专门成立农村数字金融处，加强对三农数字金融能力的建设。机制方面，继续给予三农金融业务倾斜的绩效考核、优惠的内部资金定价、专项的信贷额度、差异化的风险容忍度等政策，制定涉农贷款和扶贫贷款尽职免责实施细则，为全行创新三农金融服务新模式增添动力。队伍方面，加强数据分析和风险建模队伍建设，不断提升原有队伍的数字化适应能力，重构一支具有数字化服务理念、配备数字化服务设备、掌握数字化服务技术的数字化专业三农金融人才队伍。

“2”是强化科技、文化两大支撑。邮储银行大力推进金融科技发展，2020年信息科技投入超90亿元，占营业收入的3.15%；持续推动人工智能、区块链、云计算等关键技术在业务领域的应用。邮储银行坚守服务“三农”、城乡居民和中小企业的定位，践行数字普惠金融的发展方向。

“1”是构建一个三农金融服务生态体系。线上，将金融与“三农”生产生活场景相融合，打造“金融+寄递+电商”一体化的惠农综合服务平台。同时，邮储银行秉承开放银行理念，采取API接口、系统共建等方式，把金融服务融入产业链核心企业、互联网电商平台等外部活跃场景，拓展金融服务边界。线下，加大县域移动支付业务布局，着力打造“网点+商圈”的获客场景，满足“三农”客户多元化的金融服务需要。

资料来源：中国邮政储蓄银行官网，https：//www.psbc.com/cn/snfw/snzx/gzdt/202106/t20210616_102580.html。

二、商业模式

（一）概念

商业模式包括企业价值创造、价值传递、价值获取的过程（Teece，2010）。商业模式的本质在于为顾客创造价值，商业模式就是描述价值创造、价值传递和价值获取的体系。以顾客需求为中心，企业为顾客提供价值并获取收入（Teece，2010）。随着电子商务的发展，学者对商业模式理论更加关注，目前主要从战略、创业、价值创造、认知等视角出发，对商业模式进行研究。

部分学者将商业模式与战略混为一谈，Magretta（2002）较早将商业模式与战略相区分，认为商业模式较少考虑竞争和差异化问题，主要解释了企业的运作方式，包含逻辑化的认知，即要素组合的因果关系，以及叙事过程，即企业运作方式。Zott 和 Amit（2008）通过建立模型分析商业模式和产品市场战略的契合度，论证了商业模式和战略之间是互为补充而非相互替代的关系。目前对商业模式的含义主要有三种解释：一是认为商业模式是公司的属性；二是认为商业模式是认知或语言模式；三是认为商业模式是正式化概念工具，概念工具可以对复杂现象进行简化；缓解信息不对称问题（Massa 等，2017）。

（二）研究视角

商业模式研究为研究企业提供了更全面、更系统的视角。Amit 和 Zott（2001）提出商业模式是一个跨公司边界的相互依赖的活动系统，并且将商业模式与价值链、熊彼特创新理论、资源基础观、战略网络理论、交易成本理论相比较，认为上述理论部分但不能完全解释商业模式，因此需要一个新的分析单元对理论进行整合。除价值链外，其他四个理论构成了商业模式的四大要素：新颖性、高效性、锁定性和互补性（Amit 和 Zott，2001），其中互补性是商业模式的核心维度，新颖性是商业模式创新的核心维度（Foss 和 Saebi，2018）。商业模式建立的前提是目标、模板、利益相关者活动和环境约束（Amit 和 Zott，2015）。

技术是环境约束的重要方面。Chesbrough 和 Rosenbloom（2002）提出商业模式作为技术投入和经济产出的中介具有重要作用。商业模式创新挖掘技术投入要素的潜在价值，实现价值创造并传递给顾客。首先，单纯的技术投入并不一定能转换为顾客感知到的价值，也不一定能够转化为经济价值，需要恰当的商业模式进行激发。其次，技术投入相同时不同的商业模式可以导致差异化的价值创造结果，商业模式创新同样能转化为竞争优势。最后，当技术更新后，原有的商业模式可能会产生不兼容，阻碍新技术发挥价值，因此商业模式也应当是动态的，对商业模式的及时调整和改革是企业保持竞争优势的重要方面（Chesbrough 和

Rosenbloom，2002）。外部环境和生态也是商业模式变化的影响因素，企业通过交易对资源进行调配，需要与环境契合，并随着生态的演变而变化（Amit 和 Zott，2015）。

但是企业不能只关注技术变革的影响，独立运营状态良好的商业模式可能并不具有良好的外部性，商业模式的成功与否还取决于利益相关者的参与和互动效果（Casadesus-Masanell 和 Ricart，2011）。Amit 和 Zott（2001）指出商业模式是供应商和客户实现价值创造的重要来源。商业模式可以被看作相互联系的活动系统或交易系统，能够超越焦点公司并且跨越其边界，使得焦点公司与其利益相关者共同创造价值、分配价值（Zott 和 Amit，2010）。商业模式的价值主要需要考虑供应商、合作伙伴、用户在内的所有利益相关者（Amit 和 Zott，2015）。Wirtz 和 Daiser（2018a）提出的商业模式开发框架以客户为出发点，强调了客户导向对于成功开发商业模式的重要性，在开发过程中应当集成客户知识，依据不同的客户群体对商业模式的变革程度和类型进行调整。研究还提出了通用的商业模式创新流程：分析、构想、可行性、原型设计、决策、实施和可持续性（Wirtz 和 Daiser，2018b）。Peprah 等（2021）基于在非洲成立的在线零售企业 Jumia 的案例研究，探讨创业企业商业模式在制度环境薄弱的情况下是如何演化的，提出了“模仿但修改”的过程模型，解释了商业如何通过四个不同的阶段，即清晰化、合法化、本地化和整合，进行演变。

创新聚焦 3-3

“场景+金融”新业态

2019 年第六届世界互联网大会在乌镇召开，以“智能互联，开放合作——携手共建网络空间命运共同体”为主题，聚焦世界互联网最新发展趋势和前沿技术动态。互联网公司在促进金融普惠、提升金融服务效率等方面发挥作用。互联网公司在科技与金融的融合过程中，通过科技创新，促进互联网与实体经济的深度融合，这种深度融合体现在顶层制度设计、人员融合、业务融合等方面。美团以科技为核心，将平台本身的技术和场景优势，与金融机构的专业能力紧密结合起来，通过“场景+金融”双向赋能的方式，将金融服务逐步覆盖小微企业全生命周期，助力线下实体小微企业的发展。

2018 年起，美团与青岛银行、桂林银行、江苏银行等多个地方银行相继推出美团联名信用卡。银行向美团赋能品牌、线下机构资源、金融风险识别，美团向金融机构赋能场景、流量、客户多维度画像。双方优势互补、深度融合，助力金融服务进一步下沉，覆盖到更广泛的人群。

2016 年 11 月，美团金服推出了小微贷款产品“生意贷”，为平台上的小微商户提供特色化的定制金融服务，随后这一服务从餐饮进一步覆盖到包括酒店等在内的更多品类商户。美团还为线下小微商户提供营销、供应链、物流、IT、经营、金融六大服务，帮助小微企业做好生意。

资料来源：https：//about. meituan. com/detail/98.

三、包容性商业模式下的互联网金融

（一）包容性商业模式

G20 挑战赛将包容性商业定义为以私营的方式，在商业可行性基础上向金字塔底层群体提供商品、服务和生计，使他们成为公司核心业务价值链的一部分，如供应商、分销商、零售商或客户①。如果公司的客户是低收入个人，或者是来自金字塔底层的人，或者低收入人通过其社区分发产品或在本地商店出售产品，

① 参见 https：//g20challenge. com/。

那么该公司就是包容性企业[1]。包容性企业通过定制业务模式，与低收入人群合作，在为低收入人群提供商品或服务的同时，也能扩大自身的市场规模和影响力，形成多方受益的包容性商业模式。

包容性企业通过开发针对性的商业模式，将低收入人群纳入市场，将受到有限服务的低收入人群转变为消费者和供应商的来源，成为市场的参与者[2]。包容性商业模式和社会企业的区别在于是否以利益为驱动。包容性商业模式追求经济上的可持续发展，在帮助金字塔底层人群获得更高生活质量的同时，企业也能获得经济收益[3]。因此，包容性商业模式不仅可以由包容性企业发起，跨国公司、中小企业均可以在全部或部分业务中采取包容性商业模式，这对拥有大规模低收入人群的发展中国家尤其重要。

（二）互联网金融的包容性发展

互联网金融突破了地域限制，以较低成本实现广泛覆盖，显著降低交易成本。同时，互联网金融不仅仅专注于焦点企业，而是联结整个价值网络，在价值网络中引入新的合作企业，拓展组织的交易边界，形成包容性的商业模式。这种包容性商业模式能够帮助焦点企业实现经济目标与社会目标的有机结合（Stephan 等，2019），不仅实现了企业的经济价值，更体现了企业的社会价值（Thompson 和 MacMillan，2010）。利益相关者可以为金融机构提供互补价值，扩大焦点企业的价值网络（Steinfield 和 Holt，2019），通过新的服务体系建立社会价值（Verleye 等，2019），实现价值创造，提高企业绩效（Kruse 等，2019）。对于参与价值网络的新创企业，合作联盟可以弥补其在核心能力、技术技能方面的不足（Zott 和 Amit，2017），更好地抵御环境变化带来的风险，提高企业存活概

① 参见 https：//www.worldbank.org/en/search? q=inclusive+business&currentTab=1。

② 参见 Hammond A. L.，et al. "The Next 4 Billion：Characterizing BoP Markets"，https：//openknowledge.worldbank.org/bitstream/handle/10986/4539/deor_10_2_7. pdf? sequence=1&isAllowed=y，2008。

③ 参见 https：//www.worldbank.org/，"Policy Note on the Business Environment for Inclusive Business Models"。

率（George 和 Bock，2011）。

商业模式创新需要通过提出恰当的价值主张、采取措施实现价值创造、及时进行价值捕获取得政府和顾客等评价主体的认同，进而获取合法性，以实现企业绩效的提高（Clauss，2017；Suchman，1995）。包容性发展关注不同背景、不同诉求的利益相关者，具有更强的适应性，也因此具备更高的合法性，更为社会大众所接受（Sabharwal，2014）。构建包容性发展理论，倡导生态系统的组成部分发挥独特价值，减少同质化竞争，可促进实现各利益相关者的价值共创（Prabalad 等，2004；Shore 等，2011）。

四、高管政治关联与社会责任

（一）高管政治关联与企业社会责任

高阶理论认为企业高管会对所面临的情境做出个性化的阐释，即高管在企业战略选择上注入了自身的经验、性格、价值观等因素，因此可以用高管的背景特征，如任期、教育和职能背景等来预测管理人员的战略选择。Hambrick 和 Mason（1984）指出要理解企业的战略选择，就需要了解公司高管的情况；而且由于获取高管心理测量数据非常困难，建议用人口统计学变量作为高管认知和价值观的代理变量。有学者用高阶理论研究企业高管团队的背景特征（如年龄、职能经验、任期、教育、财务状况和异质性等）与战略选择（如创新战略、国际化、多元化等）以及组织绩效之间的关系。这些研究集中在以下方面：高管的异质性对战略过程、战略选择和绩效的影响；高管任期对公司行为和绩效的影响；高管的特征对公司国际化战略程度和形式的影响。高管的部分行为受其个人特征的影响，故组织战略在一定程度上是高管人员的反映和选择。因此，基于高阶理论，通过企业高管的特征来推测企业战略选择的基本逻辑是成立的。那么高管的政治关联究竟对企业的战略选择产生怎样的影响呢?

企业高管的政治关联对企业社会责任战略的影响可以从制度理论和利益相关者的视角加以阐释。首先,开放系统理论(Scott,1987)认为组织边界是可以渗透的,制度理论强调组织环境的动态性不是源于技术或物质的要求,而是来自文化规范、标准、信仰和仪式。改革开放40多年来,利益至上的企业价值观极大冲击了中国传统的儒商思想,很多企业以追求经济回报为唯一目标,造成了大量企业不负社会责任的问题,引起了社会公众的强烈不满,也最终影响到经济、环境和社会的可持续发展。高管的政治关联正是代表了政府、公众等利益相关者对企业履行社会责任,促进经济、环境和社会和谐发展的诉求,企业的发展不应只是满足股东的利益和要求。

其次,中国正处于经济转型时期,企业的生存和发展受到不完善制度环境的制约。Peng和Heath(1996)认为转型经济中的制度缺陷、市场的不完善、管理欠缺等会影响企业的内在增长和并购战略的采用,因此以人际网络为基础的增长战略更为重要。高管的政治关联恰好配合了这种以人际网络为前提的增长战略,有助于实现政府与公众的诉求。社会责任战略的实施为企业赢得了合法性、政府支持、公众和媒体的关注等。制度理论强调的组织环境是由文化要素,即视若当然的信仰和广为传播的规则构成的,有政治关联的企业高管在推动组织环境的建设方面有着天然的优势。

最后,Peng(2007)认为面对制度环境压力的社会责任战略可以分为四个阶段:反应战略(Reactive Strategy)、防御战略(Defensive Strategy)、适应战略(Accommodative Strategy)和超前战略(Proactive Strategy)。反应战略是由于高管较少或完全没有支持企业社会责任目标而形成的;防御战略是由于公司高管认为企业社会责任战略会增加成本或带来麻烦;适应战略得到高管的支持,他们越来越认为企业社会责任是值得努力做的事;超前战略则是优秀的公司积极应对企业社会责任并努力做得更好,高管支持企业社会责任战略并将社会责任战略视为差异化优势的来源。采取超前战略的企业常常自愿采取超越法规的社会责任行动(Bansal和Roth,2000)。只有持续的规则、规范和认知压力才能推动企业做得更多（Dowell 等，2000），有政治关联的高管需要顾及政治规则、前途和声誉等，因此面临更多的规则、规范和认知压力。高管的政治关联越强，就越会采取超前战略，而不是将企业社会责任看成“装饰门面”的行为。

一些实证研究也发现了企业高管政治关联对企业社会责任的推动作用。衣凤鹏和徐二明（2014）对中国 182 家上市公司的实证研究发现高管政治关联对企业社会责任有显著的正向影响，高管政治关联传递着政府等利益相关者对企业推进社会责任的诉求。贾明和张喆（2010）发现高管的政治关联促进了公司慈善行为，具体表现为有政治关联的上市公司更倾向于慈善捐款，而且捐款更多。娄祝坤和张川（2014）对中国化工行业上市公司的研究发现，代表委员类政治关联促进企业社会责任，而政府官员类政治关联对企业社会责任的影响不显著。

（二）高管政治关联与经济绩效

针对高管政治关联对组织绩效或公司价值的影响有两种观点：第一，政治关联的正向影响。有研究发现，高管的政治关联会增强相关企业的价值（Johnson 和 Mitton，2003；Goldman 等，2009），有政治关联的企业在融资便利、税收优惠、政府订单和高市场份额方面都能获得好处（Goldman 等，2009；Faccio 等，2006；罗党论和甄丽明，2008）。罗党论和刘晓龙（2009）还发现民营企业的政治参与有助于其进入政府管制性行业，进而提高经济绩效，促进企业持续发展。

第二，政治关联的负向影响。Shleifer 和 Vishny（1994）的研究发现，国外企业政治关联的成本有可能会削减所带来的利益，政客们不会无偿给企业提供帮助，作为交换，企业有可能要为政客实现社会政策目标或为政治活动买单。Boubakri 等（2008）的跨国比较研究发现有政治关联的企业绩效比没有政治关联的企业绩效差。Hellman 等（2000）发现没有证据表明政治关联会带来更好的绩效，尤其是对卷入行政腐败的公司而言。

尽管学界对高管政治关联对企业绩效产生怎样的影响没有定论，但是我们认为中国商业银行高管的政治关联对其经济绩效的影响是正向的，而且政治关联对经济绩效的正向影响是通过企业社会责任战略实现的。原因在于：目前我国“一行两会”① 的负责人一般从工、农、中、建这四大商业银行中产生，四大商业银行高管又从监管当局产生，因此银行高管和监管部门负责人之间交替升迁的路径已程序化。全国股份制商业银行和城市商业银行基本上都得到了各级政府的支持，因此高管的政治关联越强，得到政府支持的力度越大。例如，获得政府担保的低风险贷款项目，获得各级政府和事业单位的工资开户项目，获得医保项目、燃气项目等，从而提高了银行的经济绩效。同时，政府也通过银行高管的制度安排来推动银行承担社会责任，实现银行的可持续发展。例如，2014 年银监会和国家发展和改革委员会联合发布《商业银行服务价格管理办法》，规范银行服务价格，保护客户合法权益，促进银行健康发展。银监会要求商业银行实施绿色信贷和金融创新，支持低碳经济，限制“两高一剩”贷款；还要求商业银行改进小型微型企业金融服务，推进基础金融服务“村村通”等。虽然监管机构对每个商业银行的要求一致，但是各个银行对这些要求和规定的执行力度是有差异的。政治关联越强的高管推行这些规定的行动越有力度，换言之，政治关联越强的高管越会推进企业社会责任战略，使企业战略服务于国民经济健康发展的大局，配合国家宏观经济政策以获得合法性和更多资源，因此政治关联越强的高管越会推行企业社会责任战略以实现银行的可持续发展。

（三）数据与结论

研究以能够找到高管任职经历和财务数据的中国商业银行为样本，以这些商业银行 2008 ~ 2012 年的高管简历、财务数据、年报、社会责任报告作为样本数据。

我们用企业社会责任战略（CSR）作为因变量，研究高管政治关联（PC）对社会责任战略的影响。经济绩效用滞后一年的净利润率（NFM（t+1））和滞后两年的净利润率（NFM（t+2））来衡量，企业规模（Size）、企业风险（DAR）和财务表现（ROE）是控制变量，年份（T_1，T_2）是虚拟变量，用以控

① “一行两会”是指中国人民银行、中国证券监督管理委员会、中国银行保险监督管理委员会。

制时间。

模型 1，首先引入控制变量对结果变量进行解释，发现企业规模对社会责任战略影响显著（$\beta=0.71$，$p<0.001$）。模型 2，加入政治关联对结果变量进行解释，结果发现，除企业规模对社会责任战略的影响显著（$\beta=0.54$，$p<0.001$）之外，政治关联对社会责任战略也有显著的正向影响（$\beta=0.31$，$p<0.001$），如表 3-1 所示。

表 3-1 高管政治关联对企业社会责任战略的回归结果

变量	因变量 CSR	
	模型 1	模型 2
T_1	0.03	0.04
T_2	0.06	0.06
Size	0.71 ***	0.54 ***
DAR	-0.03	-0.04
ROE	0.07	0.10
PC	—	0.31 ***
R^2	0.495	0.560
调整后的 R^2	0.480	0.544
F	32.775 ***	24.351 ***

注：表中所列的是标准化回归系数；* $p<0.05$；** $p<0.01$；*** $p<0.001$。

我们用多元回归方程分别检验了政治关联对滞后一年的净利润率和滞后两年的净利润率的影响。为了排除控制变量的影响，我们在模型 3 中先将控制变量放入回归方程，发现财务表现即净资产收益率（ROE）对滞后一年的净利润率影响显著（$\beta=0.21$，$p<0.05$）。模型 4，加入政治关联，发现政治关联对滞后一年的净利润率（NFM（t+1））有显著的正向影响（$\beta=0.26$，$p<0.01$）。研究用同样的步骤和方法检验了政治关联对滞后两年的净利润率的影响，发现政治关联对滞后两年的净利润率（NFM（t+2））也存在显著的正向影响（$\beta=0.30$，$p<0.01$），如表 3-2 所示。

表 3-2　高管政治关联对经济绩效的回归结果

变量	因变量 NFM（t+1）		因变量 NFM（t+2）	
	模型 3	模型 4	模型 5	模型 6
T_1	0.20*	0.21*	0.12	0.13
T_2	0.27**	0.27**	0.14	0.14
Size	0.06	-0.09	0.12	-0.05
DAR	-0.09	-0.10	-0.13	-0.12
ROE	0.21*	0.23**	0.02	0.06
PC	—	0.26**	—	0.30**
R^2	0.08	0.13	0.03	0.09
调整后的 R^2	0.06	0.10	0.00	0.06
F	3.003*	7.941**	1.103	9.837**

注：表中所列的是标准化回归系数；* $p<0.05$；** $p<0.01$；*** $p<0.001$。

接着，我们采用最常用的检验中介效应的方法研究社会责任战略在政治关联与经济绩效之间的中介作用，第一步自变量影响因变量，第二步自变量影响中介变量，第三步控制中介变量后，自变量对因变量的作用消失了，或是明显减小了。由于模型 4 和模型 6 已经检验了高管政治关联对经济绩效的影响，同时模型 2 检验了高管政治关联对社会责任战略的影响，所以社会责任战略在政治关联与经济绩效之间的中介效应检验只剩下第三步还未完成。我们在模型 7 和模型 8 中分别控制了中介变量，即社会责任战略之后，发现政治关联对滞后一年净利润率的影响消失了（$\beta=0.15$，ns），政治关联对滞后两年净利润率的影响显著降低（$\beta=0.22$，$p<0.05$）。同时中介变量社会责任战略分别对滞后一年和滞后两年的净利润率影响显著（$\beta=0.33$，$p<0.01$；$\beta=0.23$，$p<0.05$）（见表 3-3）。因此企业社会责任战略在政治关联和经济绩效之间起着中介作用。

表 3-3　社会责任战略在政治关联与经济绩效之间的中介作用

变量	因变量 NFM（t+1）	因变量 NFM（t+2）
	模型 7	模型 8
T_1	0.20*	0.12

续表

变量	因变量 NFM（t+1）	因变量 NFM（t+2）
	模型 7	模型 8
T_2	0.25**	0.13
Size	-0.26*	-0.17
DAR	-0.09	-0.12
ROE	0.20*	0.04
PC	0.15	0.22*
CSR	0.33**	0.23*
R^2	0.175	0.114
调整后的 R^2	0.140	0.074
F	9.416**	4.067*

注：表中所列的是标准化回归系数；* $p < 0.05$；** $p < 0.01$；*** $p < 0.001$。

结果表明：高管政治关联与企业社会责任战略正相关；高管政治关联对组织绩效有正向影响，而且这种正向影响是通过社会责任战略实现的。

从银行规模上来看，全国股份制商业银行高管的政治关联总体上高于城市商业银行，特别是国有大型商业银行的高管大多数曾在中国人民银行、银监会或中央级政府部门工作，更能配合国家经济发展战略，履行金融机构服务绿色经济发展的国家宏观经济目标。从时间纵向上来看，城市商业银行的高管也更多地来自各级政府的经济工作部门以及央行的各级分行，当然也有一些高管没有任何政治关联。但是总体而言，有政治关联的高管在企业社会责任战略的制定和执行方面显著高于无政治关联的高管。

第四章 商业银行的互联网金融创新

传统商业银行在互联网金融的浪潮下，与互联网和移动互联网相结合，对传统金融服务进行了不同程度的改变（Claessens 等，2002）。2015 年《政府工作报告》首次提出“互联网+”行动计划，指出互联网金融正从金融服务体系的完善者过渡为参与者和合作者。2019 年《政府工作报告》提出加快在各行业各领域推进“互联网+”，激励加强普惠金融服务，这对“互联网+”与传统金融的融合发展提出了更高要求。

全球金融服务的提供者，包括发达国家、新兴经济体和发展中国家都受到互联网金融的变革冲击，新的金融产品和金融服务不断迭代，不同金融机构的界限逐渐模糊，迫使商业银行提高透明度、增加参与度、降低中间成本、简化操作步骤、提升各部门协同，这一系列转变是传统商业银行应对互联网金融浪潮的举措，但同时也是商业银行在经济转型过程中的市场机遇（中国农业银行山东省分行课题组，2014）。

刘澜飚等（2013）认为传统金融与互联网金融之间不仅存在竞争，也相互补充、互利共赢。互联网金融在促进金融脱媒，加快银行业联合、增加信贷总量等方面产生的作用，弥补了银行业一直以来的不足（Allen 等，2002）；同时商业银行通过学习新技术、新经营模式、新产品种类，也可以提高服务水平（申创和刘笑天，2017）。

郑霄鹏和刘文栋（2014）主张商业银行有其自身的经营和发展优势，并未受到互联网金融企业太大的冲击，但是由众多竞争对手产生的危机意识可能会加快商业银行的变革步伐。Herbst（2001）指出互联网金融对传统金融行业的影响可能会逐步增强。Claessens 等（2002）则认为互联网金融在不同的社会背景和政策背景下，对金融机构的影响并不相同，政府会在其中起重要作用。

一、 商业银行创新实践

（一）背景

在传统金融体系下，调查低于授信额度的企业和个人需要耗费大量的人力和物力，银行下沉能力不足，对此类客户信息难以做到精准把握。同时，传统商业银行的高额手续费和较为严苛的授信标准将众多小企业和个人用户的信贷需求拒之门外。小额授信的信用评级难题使得银行主动放弃此类客户（梁璋和沈凡，2013）。

“互联网+”时代，互联网金融将大数据、云计算、移动互联网引领的信息技术与传统金融体系相结合，以二维码技术、指纹识别技术、面部识别技术等为基础，满足用户在不同场景的支付需求，打破了银行的支付结算垄断，与客户进行直接、深度的接触（赵旭升，2014）。最终，基于用户的行为数据、线上资信调查、平台客户信息、资金流信息和物流信息的分析，将客户信用级别进行精准把握，破解授信难题（梁璋和沈凡，2013）。同时，互联网金融企业在服务供给过程中成本低、效率高、多元化，能够满足长尾理论尾端客户在多种金融领域的需求，提供无抵押贷款、P2P 网络贷款、众筹等多种投融资方式，实现快速崛起（刘康宁，2016）。

互联网金融具有的包容性商业模式和价值共创主张为其赢得大量用户（中国农业银行山东省分行课题组，2014）。在存款业务方面，互联网基金因其高于商业银行存款业务的收益率，吸引了大量商业银行储户的闲置资金。以余额宝为例，2013 年 6 月上线，是目前规模最大的货币基金。在贷款业务方面，互联网金融依靠简化的手续流程、极低的手续费用吸引长尾理论尾端客户，通过用户精准评级分析其存贷能力，为小微企业提供针对性、差异化服务。在商业银行中间业务方面，第三方支付的方便快捷受到用户的广泛支持，支付宝和微信支付的支付结算功能涉及生活缴费、手机充值、网络转账等多个方面，打破了银行在中间业务方面的垄断格局（刘康宁，2016）。

但是商业银行也享受信息技术带来的机遇，“技术溢出效应”使得银行提高了用户的自主水平，降低了人工成本。网上银行和手机银行业务节约了用户的时间，提高了效率。同时银行自建平台也可以对其理财产品进行推荐，提高银行盈利水平。金融市场的激烈竞争也在一定程度上刺激了商业银行改善创新能力、服务水平和营业模式，推出更加优质的金融产品和服务（申创和刘笑天，2017）。提升商业银行竞争力的重要方式之一就是大力发展金融科技，从商业银行总体战略可以看出（见表 4-1）。由中国互联网金融协会金融科技发展与研究专业委员会和毕马威中国共同撰写的《2021 中国金融科技企业首席洞察报告》（以下简称《洞察报告》）对金融科技企业（95%的受访企业位于京津冀、粤港澳大湾区和长三角城市群）进行了问卷调研，发现银行业在金融科技的应用程度和推进数字化转型的进度方面的平均得分高于资产管理业（包括证券、基金、理财、保险资管等细分行业）和保险业。《洞察报告》还指出对于中小金融机构而言，与具有一定数据和技术优势的金融科技企业合作是可行的，金融机构与金融科技企业的合作模式从单一的技术合作逐渐向数据、资产、基础设施等层面扩展。

表 4-1　2019 年商业银行总体战略

银行	总体战略
中国工商银行	科技强行，构建面向未来、生态开放、敏捷开发、智慧智能的银行
中国银行	科技引领，建设数字化银行
中国建设银行	金融科技作为三大战略之一

续表

银行	总体战略
邮政储蓄银行	以数字化转型为主线，打造智慧银行
交通银行	打造数字化、智慧型银行
招商银行	深入推进迈向3.0阶段的经营模式全方位升级
浦发银行	打造一流数字生态银行
中信银行	科技银行
中国光大银行	加快“敏捷、科技、生态”转型
华夏银行	以金融科技创新作为六大战略重点之首
中国民生银行	做科技金融银行
兴业银行	打造“安全银行、流程银行、开放银行、智慧银行”
平安银行	全面推进AI Bank体系建设
浙商银行	以金融科技引领数字化转型

资料来源：根据各银行年报和网站数据整理所得。

（二）现状

1. 金融服务创新

在互联网金融崛起的过程中，商业银行传统的业务领域受到威胁，面临被边缘化的风险。以往商业银行依靠政策红利、资金成本、信用成本和作业成本在金融业竞争中拥有绝对优势。随着互联网金融规模逐渐扩大，市场及社会影响力不断攀升，信用成本和作业成本也逐步下降，平台运营过程中产生的资金沉淀进一步降低了互联网金融企业的资金成本（梁璋和沈凡，2013）。面对存贷利差收窄、客户流失严重、中间业务受到挤压、资产业务竞争加剧等问题，商业银行为保持竞争优势，重新建立客户信息获取的渠道，将互联网信息技术与金融业务相结合，开始逐步拓宽中间业务，开展自己的移动支付、电商平台等业务。以国有商业银行为例，截至2018年底推出的金融服务如表4-2所示。

表 4-2　商业银行金融服务

名称	金融服务
中国工商银行	融 e 行、融 e 购、融 e 联“三融”平台，智慧银行信息系统（ECOS），经营快贷，e 抵快贷
中国银行	中银智慧付、易分享、中银 E 校园、居民健康卡、e 卡通、BoC Pay、快富易
中国建设银行	善融商务、善付通、个人手机银行、住房租赁生态圈、云客服
交通银行	交博汇、蕴通 e 动、安心付、交付保、惠民贷

资料来源：根据各商业银行 2018 年报整理所得。

金融服务平台方面，截至 2018 年底，工商银行融 e 行、融 e 购、融 e 联“三融”平台用户均破亿，手机银行客户突破 3 亿，用户规模、黏性和活跃度均为市场第一。搭建的智慧银行信息系统已经开放 9 大类 400 项金融服务，涉及互联网场景 1700 个，基本涵盖了主要的生产和生活领域。中国银行优化“中银智慧商家”综合金融服务平台，依据客户信息分析进行精准营销。建设银行 2012 年 6 月推出“善融商务”，增加手机客户端个人商城，支持指纹支付、刷脸支付等功能，以及小微快贷支付等服务。截至 2018 年末，善融商务商户数 5.62 万户，注册会员 2645 万名。建设银行还推出“惠懂你”小微企业一站式服务平台、“裕农通”乡村普惠服务平台等，运用公有云、区块链等技术构建普惠金融体系。2012 年，交通银行推出“交博汇”综合金融服务平台，2018 年启动“新 531”工程，推进智慧化转型，“蕴通 e 动”手机金融服务平台推出在线聊天、直播间和一对一视频在内的“在线客户经理”新模式。

移动支付方面，中国银行推出中银 E 校园、居民健康卡、e 卡通、BoC Pay 等多场景支付服务。建设银行推出“龙易行”智能移动终端，可实现小微快贷等 234 项业务，同时在近百项场景中应用人脸识别、语音识别等技术实现支付结算等功能。交通银行使用移动支付产品“安心付”，为客户提供开户、销户、修改密码等服务，使用生物识别技术实现安全管控、便捷支付。

创新聚焦 4-1

商业银行的数字化转型

金融行业常常是先进技术应用的先行者，银行发展史是一部与技术不断融合发展的历史。数字技术的发展和消费者行为的变化，使金融科技市场成为一个动态发展的市场，银行作为市场参与者也在快速改变。

招商银行作为金融科技领域的先行者，加大金融科技投入，加快数字化转型。2017 年，招商银行在常规 IT 成本投入的基础上，核定上年税前利润的 1%，专门成立金融科技创新项目基金。2020 年，招商银行将金融科技创新项目基金预算提高到上年营业收入的 1.5%，同时弱化创新投入的当期财务回报预期，以更长远的视角追求长期产出。2020 年，招商银行在信息科技上投入 119.12 亿元，同比增长 27.25%，占营业收入的 4.45%。招商银行金融科技创新项目基金主要聚焦 C 端生态搭建、B 端生态探索、数字化管理、IT 基础设施、创新孵化 5 大方向。金融科技创新基金 2020 年累计申报项目 618 个，累计立项 495 个，其中 401 个项目已上线，为数字化经营模式探索提供了坚实支撑。

招商银行重塑零售金融数字化体系。首先，数字化获客。以招商银行 App 和掌上生活 App 为平台，招商银行构建数字化获客模型，促进零售客户增长。截至 2019 年末，招商银行 App 下载客户数达 1.14 亿，掌上生活 App 累计用户达 9126 万。其次，数字化经营。招商银行通过平台开放提升服务创新效率，对内开放 App 平台能力，对外向合作伙伴开放招商银行 App 的应用程序编程接口，打造重点场景，拓宽服务边界。2019 年招商银行 App8.0 通过开放生态平台，主动与优质合作伙伴连接，引入便民、旅游、快递、文娱、健康等高频生活场景。例如，在大城市，由于停车资源紧张，停车难、停车贵、停车慢成为困扰车主的难题。招商银行于 2019 年 2 月推出了智慧停车平台，客户可通过招商银行 App 或相关微信公众号，在手机端实时寻找停车场（位）。在离场时，既可通过招商银行 App 扫码快速支付停车费用，也可通过开通无感支付，实现自动识别，无须扫码立即离场。招商银行 App 还接入包括公积金、社保、税务在内的小程序，打造城市服务生态圈。再次，数字化流程。招商银行的零售信贷业务审批实现了全流程数字化处理，提升了小微信贷的审批效率。最后，数字化风控。招商银行拓展智能风控平台“天秤系统”，伪冒侦测范围覆盖线上和线下交易渠道，将非持卡人伪冒及盗用金额比例降低至千万分之八。

2020 年，中国工商银行推进网点智慧转型与生态运营，推广综合性现金智能柜员机、远程视频柜员机等新设备，丰富网点智能营销服务场景，全行各类非现金设备及 10 万台智能 PAD 均支持到店识别营销。此外，工行成立数据智能中心，服务数据产业发展，塑造大数据领域技术优势；成立信息安全运营中心，推动安全防护模式转变提升。工行在手机银行和微信小程序端推出“云网点”，全面覆盖工行网点，可办理预约、咨询、购买等 40 余项服务，实现线下网点服务的线上化和数字化。工行还实践了“互联网+医疗器械+金融”创新服务方案“商医云”，与国家医疗保障局首批签订医保电子凭证合作协议，同业首家签发激活医保电子凭证，已在 10 个省区启动医保移动支付清算合作。工行依托生态化架构，进一步完善了应用程序接口（Application Programming Interface，API）和工行云平台，持续推进开放银行生态场景建设。工行提供“行业+金融”综合化服务，上线教育云、党建云、物业云、人力云等标准化云服务，实现“即租即用”。工行还提供定制化、组件化 API 服务，已开放 18 大类 120 余项产品、1900 余个应用接口，开放能力和合作方数量稳步提升。工行建成开放安全的企业级物联网金融服务平台，建立了物联网服务支撑体系，支持各类物联网服务场景快速创新。

中国银行打造“5G 智能+系列网点”，推进智能技术多元、场景生态丰富、线上线下协同、客户体验极致的数字化银行建设。中行推出便携式智能柜台，该设备将产品展示、互动体验、交易处理融为一体，可在网点内、外“一机两用”。中行还推出智能柜台社保卡即时制卡功能，5 分钟内即可完成从申请、制卡、开卡到激活社保功能的“端对端”流程，一站式解决客户社保卡业务诉求，提供便民金融服务。

资料来源：根据公开资料整理。

延伸阅读 4-1

数字经济发展概况

《中国互联网发展报告（2021）》显示，截至 2020 年底，中国网民规模为 9.89 亿人，互联网普及率达到 70.4%，移动互联网用户总数超过 16 亿。数字经济持续较高的增速，为经济发展提供了强劲动力。

首先，信息基础设施的跨越式发展，为数字经济筑牢了坚实根基。我国网上零售额连续 8 年全球第一，电子商务、在线教育、移动支付等已深入老百姓的生活。互联网不仅让生活便捷，更逐渐成为经济提质增效的新动能。其次，不断丰富的应用场景，也为数字经济拓展了广阔空间。我国市场体量大，需求层次多样，随着互联网的普及，公众和产业界接受、利用互联网的意识提高，无论是工厂车间，还是偏远乡村，数字经济正渗透到生产生活的方方面面。

面向未来，进一步释放数字经济潜力，有必要发挥我国网民规模大、市场应用场景丰富的优势，加速新技术、新业态、新产业落地。在互联网发展初期，依靠用户的快速增长，我国在电子商务、社交、出行等领域取得了不俗的成绩。在用户规模增速放缓的趋势下，我们还需在技术创新、应用上下大力气，在产业探索上先行一步，形成市场和技术的良性互动，开拓更深入、更宽广的发展空间。

保持优势，有针对性地推动新基建也同样关键。进一步完善信息基础设施，在让人们共享技术发展成果的同时，推动数字经济向基层、向农村延伸，打开更广泛的市场。随着我国数字基建提速，更多潜在应用场景将会大量涌现，从而助推新技术、新产品、新业态更新迭代。

资料来源：司南．进一步激发数字经济潜能［N］．人民日报，2021-07-14（010）．

2. 金融科技子公司

在互联网金融带来的机遇与挑战下，商业银行需要金融科技为自身智慧化、数字化转型提供基础，重塑新金融背景下的核心竞争力。成立金融科技子公司一方面能够满足银行的技术需求并对外提供服务，另一方面可以实现跨部门整合，在多个场景进行快速布局。金融科技依托云计算、区块链、人工智能等信息技术，以数据为核心，为金融机构提供更高效、更合规的解决方案。利用金融科技既可以满足金融业服务实体经济的要求，全面提高服务过程的效率和质量，又可以整合现有资源，帮助商业银行向包容性、开放性发展转型。截至 2019 年末，已有十家“银行系”金融科技子公司成立，如表 4-3 所示。

表 4-3　银行系金融科技子公司

类别	名称	成立时间	金融科技子公司名称
大型国有商业银行	中国工商银行	2019 年 5 月	工银科技有限公司
	中国银行	2019 年 6 月	中银金融科技公司
	中国建设银行	2018 年 4 月	建信金融科技有限责任公司
全国性股份制商业银行	招商银行	2016 年 2 月	招银云创（深圳）信息技术有限公司
	中国光大银行	2016 年 12 月	光大科技有限公司
	中国民生银行	2018 年 4 月	民生科技有限公司
	兴业银行	2015 年 12 月	兴业数字金融服务（上海）股份有限公司
	平安银行	2015 年 12 月	上海壹账通金融科技有限公司
	华夏银行	2018 年 5 月	龙盈智达（深圳）科技有限公司
城市商业银行	北京银行	2019 年 5 月	北银金融科技有限责任公司

资料来源：根据各银行官网资料整理所得。

股份制商业银行相比国有银行更加灵活，在金融科技公司建设方面进展更快。除兴业银行母行占股 51%外，其他金融科技子公司均为母行全资持有。在实际运营过程中，银行系金融科技公司呈现以下特征：

一是经营重心逐渐由内向外。子公司成立初期主要服务于集团及其成员，通过建设基础设施、搭建应用系统、创新内部技术来实现集团的信息化建设，进而在功能上达到智能风险管理、服务过程场景化和平台生态化，最终帮助集团企业向数字化、智慧化转型。在金融科技子公司发展成熟后，可以为同业提供技术支持、咨询等服务，业务重心逐渐由集团内部转向集团外部。

二是成立金融科技子公司相比设立技术部门能够建立更加全面的产品体系。子公司依托母行特点，为金融服务的全流程提供信息技术服务。首先，子公司在后台搭建整体 IT 架构，建立技术平台，这是业务流程的根基建设。其次，子公司建立存、贷、汇等中间业务平台，实现风险控制和智能运营。最终体现在前台客户服务方面，子公司根据客户信息和大数据分析结果提供差异化、针对性的客户服务。在金融全过程中，子公司的咨询服务、流程优化和内部控制在前、中、后台均发挥作用。

三是金融科技子公司均表现出对金融云的战略关注。主要研究方向为人工智能、生物识别、区块链、云平台等先进科技，云计算和服务场景化、平台生态化等转型要求联系紧密，是银行未来智能化发展的重要基础。但是云计算技术的架构本身具有高成本、迭代快等特点，需要大量资源投入。目前金融科技公司都在积极推进金融云建设。建信金科建立伊始就与上海市金融服务办公室、中国科学院计算机网络信息中心共建金融科技创新实验室。招银云创把战略方向投向公有云建设和使用，通过公有云为企业提供咨询与其他服务，大规模降低成本。兴业数金的云平台与平台科技输出板块，为城市商业银行、农村商业银行、村镇银行等提供云服务，主要包括银行云、基础云、非银云、开放银行、智慧银行等。平安集团下属的金融壹账通通过云平台，为银行、保险、投融资等中小金融机构服务，具有安全性与实用性。

四是技术输出模式相似。中小企业技术有限、资金不足，难以自建金融云，利用金融科技子公司的金融云能够降低成本、提高效率。金融科技子公司通过整合母行的资源、技术、业务优势，向其他金融机构提供外包服务。针对规模不同、发展水平不一、业务方向不同的金融企业，有针对性地采用软件形式、金融云形式、开放平台形式、咨询服务形式等为其提供服务。软件形式适用于已经建立平台，但是部分业务需要技术支持的客户。金融云形式是提供整体方案，将产品、流程、技术打包为云平台输出给客户。开放平台形式主要针对中小企业，金融科技公司搭建开放平台后，在平台提供部分科技产品，可以供合作方自由选购。咨询服务形式是将自身经营管理中的经验输出，帮助客户选择工具和方案。

五是包容性发展。金融科技子公司在发展过程中不断寻求合作共赢，在互联网金融企业的冲击下，更加需要银行间的紧密合作。公司发展首先需要联合技术企业与金融机构，结合银行自身与客户企业的业务场景进行服务。其次在技术输出过程中，金融科技子公司也需要了解合作方，充分发挥云计算、人工智能和区块链技术的优势，打造金融云合作多方的价值共建、共创、共享体系，实现整个生态系统的包容性发展。

延伸阅读 4-2

银行 4.0

当我们讨论银行 4.0 时，最好先回顾一下银行的发展史。

银行 1.0（1472~1980 年）：传统的银行模式，以营业网点为中心。从 12 世纪的美第奇家族开始。

银行 2.0（1980~2007 年）：自助服务出现，在银行营业时间之外提供服务。从 ATM 的出现开始，在 1995 年随着商业互联网的出现而快速发展。

银行 3.0（2007~2017 年）：在 2007 年随着智能手机的出现，被重新界定为随时随地满足需要的银行。随着移动支付、挑战者银行等移动技术的出现而发展。

银行 4.0（2017 年至今）：嵌入式、无所不在的银行，通过技术层面实施交付。大部分是数字化全渠道，无须物理分销实体。

银行 1.0、银行 2.0 和银行 3.0 现在都还存在，仍然有些银行从其本质、运营商和客户参与上来看是银行 1.0。有些银行还没有自己的 App，网络能力也有限，可以将它们归为银行 2.0。有些实现了全数字化的银行，正在试图向银行 4.0 转变。

在 2009 年还没有挑战者银行，金融科技的投资从全球来看不到 20 亿美元，到了 2017 年，已经超过 310 亿美元。在 2009 年，移动支付还在讨论中，苹果还未确定战略计划，但截至2017年10月，仅中国最大的两家非银行支付机构——腾讯和支付宝，移动支付就达到了12万亿美元。比特币背后的技术是区块链，在2009年，没有银行考虑这种技术。而到了2018年，全球数百家银行进行区块链研究。自2009年以来，发达国家经济体的总银行网点数减少了8%~22%，普惠金融在印度、撒哈拉以南的非洲地区以及世界其他地区蓬勃发展。

当ATM出现时，银行存折变成了塑料卡片；当网络和移动技术出现时，从整批分时段处理变成了实时、直接的业务处理。每次技术的重大飞跃，都会带来与技术相关的结构和运营的改变。银行4.0的关键转变是办理银行的方式发生了改变，银行变成了“无形的”，通过技术融入我们周围的世界。银行将通过技术的创新使用、体验设计、充分利用网络效应等方式深入了解客户行为，在消费者无论何时何地需要金融服务时，都无声无息地融入他们的生活中。

资料来源：King B. 银行4.0［M］. 施铁，张万伟，译. 广州：广东经济出版社，2019.

二、商业银行创新特征

（一）优势

一是财务资源、客户资源和经营经验丰富。传统商业银行依靠几十年甚至上百年来的稳健运营，已经积累了丰富的从业经验、优质的客户资源，以及分布全国的网点资源，这些是其开展金融服务的基础，也和互联网金融拥有的资源形成互补（梁璋和沈凡，2013）。尽管互联网金融企业上升速度快、产品种类多，但是经济资本实力较弱，无法与商业银行相抗衡。

二是风险管理能力较强、风险控制体系健全。商业银行经营以稳健性为原则，以资金安全性为底线，多年的经营管理构建了专业的风险控制管理体系，积累了宝贵的信用风险管理经验，与互联网金融企业相比，具有风险控制管理优势（林雪，2014）。互联网金融经过自2013年以来的野蛮生长，在2017~2019年受到监管部门的专项整治。截至2018年末，全国P2P运营平台1726家，同比下降51.64%①。2018年末贷款余额8696.50亿元，同比下降27.96%②。主要原因还是在于一些P2P平台缺乏规范性和自控力，资金安全保障不完善，违约可能性较大。

（二）劣势

一是手机银行同质化严重，缺乏特色。互联网金融的领先企业能够聚焦产业本身，掌握实际场景，实现全流程数字化，并且提供相关联的金融服务，例如微信支付推出的微信红包在短时间内收获巨大流量。但是商业银行的App功能类似，包括理财、充值、转账、外汇在内的业务众多，主要以银行传统的业务为基础，新功能与消费场景缺乏关联，难以为银行带来业务增长。

二是商业银行交易门槛高，用户吸引力差。商业银行的实体运营导致了其高额的交易成本和手续费，追求安全运营也在一定程度上造成了手续繁多、时间耗费过长等问题。而互联网金融能够脱离地域和时间限制，客户覆盖区域广，资源配置效率较高（徐岚和徐青松，2014）。商业银行担负的监管成本也进一步加重了银行的负担，挤占利润空间，丧失对客户的吸引力。

三是银行经营成本高，财务风险较大。相比互联网金融企业的低成本金融服务，商业银行的网点运营需要较高的费用。在建设金融科技体系的过程中，研发成本和建设成本需要耗费大量资金，且需要较长的周期才能扭亏为盈，增加了银行的财务风险。

---

①② 参见《中国互联网金融年报（2019）》。

三、商业银行发展存在的问题与启示

（一）存在的问题

第一，过度关注概念而缺乏实践。互联网金融概念频出，如移动金融、智慧银行、科技赋能等，概念本身缺乏精确的定义及界限。商业银行需要对金融科技的服务场景进行更加深入的了解，对业务模式转变进行详细探讨，对企业架构与开发流程的兼容性进行调整。

第二，过度关注短期销售业绩，缺乏长远的运营眼光。互联网金融服务场景中借助提供免费服务获取用户消费习惯信息、生活数据，培养用户使用习惯，而商业银行运营过程中，往往注重销售，关注业绩，用当期的经济收益衡量决策结果，难以提高用户的活跃程度和用户黏性。

第三，技术应用过程中可能存在问题。金融科技服务建立在信息技术的基础上，由于技术漏洞形成的风险可能导致重大事故发生。在操作过程中也可能因为没有及时更新标准或模型，导致管理问题出现。

第四，信息安全问题需要更加关注。金融科技将客户的个人信息、消费习惯、资金状况等信息都汇聚在银行的数据库中，信息本身成为重要的战略资源，需要受到严密保护。银行的组织架构和经营模式调整后，原有的防护手段也需要同步调整，在愈加复杂的金融场景中，银行需要对风险进行重新评估，做好个人隐私保护，避免信息泄露事件发生。

（二）启示

一是谨慎接入场景金融平台，打造自身金融生态。现今商业银行主要通过与场景金融平台合作获取流量，如接入滴滴出行、美团外卖等，长此以往将形成对平台的依赖，缺乏自建场景能力，也难以找到与其他银行的差异。商业银行可以结合自身资源优势，打造场景金融平台，从餐饮、娱乐、交通、电商等方面寻求可能的增长点，如招商银行的掌上生活 App 由信用卡业务拓展为包括电影、商旅、饭票等场景的生活服务 App。截至 2019 年末，各大商业银行的 App 差异如表 4-4 所示。

表 4-4　商业银行 App 的特点和功能

银行	差异特色	功能
中国工商银行	跨境、投资	信用卡、环球通全流程服务、模拟投资交易、云保管（重要证件线上存储）
中国银行	跨境、资管、宝宝钱罐	外汇、签证通、金融超市、宝宝存钱罐
中国建设银行	电商、公积金	善融商务、悦享生活、投资理财、贷款、信用卡
邮政储蓄银行	电商	邮政汇兑、邮储食堂、邮乐特卖
交通银行	理财顾问	收支账本、金融日历、理财顾问、交银直播、生活服务
招商银行	账本、消费优惠、资讯	收支账本（智能语音记账）、语音转账、智能投顾、生活消费优惠、资讯社区（以理财和分析为主）
浦发银行	社交、投顾	金融社交（有心意、一荐得金）、在线财富咨询、金融资讯、支持智能设备
中信银行	跨境、智投	出国金融、信智投、信优选、收支收益、城市特色服务
中国光大银行	缴费	云缴费
中国民生银行	车、房	汽车金融、好房金融、生活圈

资料来源：根据各银行相关资料整理。

二是将用户体验作为服务的核心出发点。互联网金融的用户具有高活跃度和高用户黏性，一方面是场景搭建得很成功，另一方面则是用户体验良好。微信、支付宝开发了二维码支付、指纹支付、面部识别支付等一系列功能，将支付过程不断简化。以用户体验为核心也是银行未来金融服务的重要考量。理财产品将不需要申请表格、信贷审批或者传统的信用审批，流程更加包容、实时性更强，交易过程摩擦更少。

三是注重完善金融基础设施。商业银行与金融科技的融合需要以坚实、成熟的硬件和软件为基础。这不仅需要信息网络设施设备、高性能计算机与云端服务器、大容量存储器等硬件设备，也需要数据挖掘与计算、分布式存储、批量化处理、先进的人工智能等软件配备。但是在建设基础设施的过程中，商业银行也应防范大量资金投入可能带来的财务风险。

四是加强普惠金融服务。互联网金融快速崛起的重要原因就是传统银行对小微企业的放任政策，商业银行需要针对小微企业融资难、融资贵的困境调整金融服务，了解客户的需求并提供差异化的产品和服务，如借助大数据对企业日常交易数据进行分析，进行风险定价。普惠金融的短期利益难以衡量，但是长期看来，对小微企业的扶持有利于扩大金融服务覆盖范围，拓展金融生态的包容性，也是商业银行承担社会责任的体现。

五是加强人才培养。商业银行需要加强对高端人才的聘用和培育，尤其是具备金融和互联网知识的复合型人才，如数据科学家、机器学习专家、体验设计师、行为心理学家等。在银行转型过程中，需要对员工进行及时培训，实现业务能力的更新，缓解金融科技对于人才结构的影响。

四、城乡居民社会网络与借贷途径

随着中国经济转型，从投资驱动发展转向创新和消费驱动发展的路径逐渐清晰。但是，中国消费信贷规模和国家经济总量之间存在巨大缺口，在城镇化进程中，城乡家庭消费金融的创新发展将逐步成为稳定经济增速的动力。中国家庭追踪调查（Chinese Family Panel Studies，CFPS）由北京大学中国社会科学调查中心实施，是一项具有全国代表性的综合家庭调查，样本覆盖 25 个省、自治区、直辖市。我们以 2014 年中国家庭追踪调查数据为基础，研究城乡居民个体特征、社会网络对借贷途径（包括银行贷款、亲友和民间借贷）的影响。

（一）个体和家庭特征对借贷途径的影响

国内外对家庭借贷的研究历史悠久，特别是对农村家庭的借贷途径进行了广泛且深入的研究。例如，Tsai（2004）在研究中国和印度的农户借贷时发现农户的主要借贷途径是非正规金融机构，并且所占比例很高。Giné（2011）研究发现，泰国大约有86%的农户求助银行时会受到限制而不得不依靠非正规金融。Turvey等（2011）研究发现，中国农村家庭主要通过非正规渠道来获得资金，特别是来自亲戚朋友的借款，只有那些相对富裕的农村家庭才可能获得正规金融机构的贷款。史清华等（2005）在湖北监利县进行农村社会调查时发现，农户借贷多数从亲朋好友处获得，对民间借贷依赖较强，高利贷在农村普遍存在，反映了正规金融机构弱化农村信贷服务的问题。关于城市家庭借贷途径的研究，廖理和张金宝（2011）基于清华大学2010年开展的面向全国城市居民家庭消费的金融调研中发现，大部分消费者的首选借款对象是亲戚、朋友，并且家庭财富水平越低，越倾向于向亲戚朋友借款，而随着家庭财富升高，向银行贷款的比例逐渐增大。

家庭借贷途径的影响因素一直是研究的焦点，国外对这方面的研究较为丰富。Xia（2011）发现户主为女性或户主受教育程度越低，还债能力就越弱，从正规金融机构贷款的可获得性越难。Johnson等（2010）研究了家庭债务偿还与个人可支配收入的比率对借贷的影响，发现高偿债率的家庭更可能被拒绝授信。Nina（2009）对中爪哇（Central Java）村民金融交易数据的研究发现，该地区的村民可以使用正式金融机构；借入方选择借出方取决于利率、心理成本或信任关系；穷人更多地从传统自助型储蓄组织中获得借款，而不是从正式机构或亲戚朋友处获得借款。Aliero和Ibrahim（2012）发现收入水平、抵押品、受教育程度、婚姻状况与农户能否获得信贷具有显著正向影响，而年龄、性别与是否获得信贷呈现负相关。Zhong（2016）发现不同的宗教派别对中国家庭借贷决定产生不同的影响，有宗教背景的家庭借贷较少，佛教徒与其他宗教支持者相比借贷较少。

国内学者对家庭借贷途径的影响因素也有大量研究。金烨和李宏彬（2009）

发现农户家庭总收入、家庭资产、户主年龄、户主受教育程度影响农户获得正规金融机构借贷；而家庭劳动力人数和女性家长则对家庭获得非正规渠道贷款有正向影响。曾学文和张帅（2009）对全国12个省市的农户调查发现，农户收入、借贷利率、借贷期限以及地理位置对正规金融机构借贷具有重要影响。颜志杰等（2005）研究发现，家庭中上学子女越多，该农户越难获得非正规金融机构借贷，同时老人数量越多，越难获得正规金融机构借贷。郭新华等（2016）分析了中国家庭金融调查2011年的数据，发现户主的人口统计学特征、家庭经济特征和所处地区均对家庭借贷行为产生显著影响，对于正规金融借贷和非正规金融借贷而言，影响家庭借贷的因素差异显著。饶育蕾等（2016）基于2010年中国综合社会调查数据研究发现，居民受教育程度、年龄、收入对家庭借贷行为有正向作用，幸福感和婚姻状况对家庭借贷行为作用不显著。

（二）社会网络对借贷途径的影响

章元和陆铭（2009）认为社会网络指个人或家庭所拥有的亲戚、朋友、同事或邻居等构成的关系网络。杨汝岱等（2011）认为中国传统社会的典型特征是基于社会网络的民间借贷行为，作为农户缓解流动性约束的重要手段，社会网络对民间借贷具有显著的正向影响。胡枫和陈玉宇（2012）基于中国家庭动态跟踪调查数据的经验研究发现，社会网络有助于农户获得借贷，且对借贷额有正向影响；肯定了社会网络在中国农村家庭融资过程中发挥的重要作用，发现社会网络在正规金融市场借贷要比在民间借贷上作用显著。严予若等（2016）基于2012年中国劳动力动态调查数据发现，社会资本丰富的农户通过“人脉”可以更容易获得正规金融机构借贷。

Knight和Yueh（2008）发现家庭经济活动能从政治资本中获益。王晓青（2011）发现家庭成员中有党员、干部或在金融机构任职更容易从银行贷款，缓解信息不对称。饶育蕾等（2016）研究发现，农村居民的社会互动以邻里为主，城市居民在同学、邻居和同事等社交范围比农村更广，且城市居民受社会互动影响大于农村居民，进一步影响城市家庭借贷规模和途径。童馨乐和杨向阳

(2013) 发现邻里关系和睦有助于获得银行贷款。Fiorillo 和 Sabatini (2011) 认为社会网络的广泛性即“亲戚朋友的数量”对居民获得非正规借贷影响不显著，显著的可能是社会网络的质量即“与亲戚朋友关系的紧密程度”。杨汝岱等(2011) 研究发现家庭礼金支出对民间借贷需求有显著的正向影响。

家庭借贷途径和行为受经济大环境、金融产品和服务供给、居民消费金融意识等多层次、多因素的影响。中国家庭金融相关数据的收集虽然处于起步阶段，但是已涉及以下三方面的数据：个体和家庭特征，包括年龄、收入、资产、学历、居住地、婚姻状况等；社会网络，包括亲戚交往联络、邻里关系、礼金支出等；家庭借款途径和行为等。为揭示个体和家庭特征、社会网络和家庭借贷之间的关系，以及深刻了解中国家庭总体金融状况、借贷行为和途径的影响因素等提供了数据支持。前人的研究侧重于个体特征对借款行为的影响（刘晓欣和周弘，2012)、社会网络对农户借贷行为的影响（胡枫和陈玉宇，2012)、社会互动对家庭借贷行为的影响（饶育蕾等，2016）等，我们采用中国家庭追踪调查的数据，全面考察居民的个体特征、家庭特征、社会网络等因素对中国城市家庭和农村家庭借贷途径的影响。

（三）数据与结论

北京大学中国社会科学调查中心于 2007 年启动中国家庭追踪调查，旨在通过跟踪收集个体、家庭、社区三个层次的数据，反映中国社会、经济、人口、教育和健康的变迁，为学术研究和公共政策分析提供数据基础。研究采用 2016 年发布的该项目组 2014 年度在中国大陆所有省、自治区、直辖市（除青海和西藏外）的调查数据，共对 13946 个家庭数据（剔除缺失值后有效样本数为 7511 个）进行了考察。我们对 7511 个家庭进行了研究分析，其中 6.9%的家庭有银行贷款，16.1%的家庭有亲友及民间借款。户主已婚数为 5363 个，占比 71.4%，其余户主为未婚、同居、离异、丧偶等情况。家庭平均人口数是 3.98 人，家庭规模为 1～17 人，其中 1～6 人的家庭分别占比 4.5%、12.8%、27.1%、22.3%、16.3%、10.0%，7 人及以上家庭占比均低于 4%。有养老保险的家庭有 4716 个，占比 62. 8%。医疗保险支出占总支出的比重均值为 8. 8%，比重越高，健康状况越差。家庭纯收入的均值为 59545. 17 元，家庭资产即现金和存款总额的均值是 32342. 70 元。

表 4-5 列出了家庭借款途径的人口分布特征。总体而言，家庭参与借款的行为和结果随着户主年龄的增加而下降。借款需求随着学历的上升而降低，本科及以上人群在银行贷款和亲友及民间借款参与率上都是最低的。农村家庭的借款需求高于城市家庭，也更多地获得了银行贷款和亲友及民间借款。户主在已婚状态下的借款需求和借款结果高于未婚、离异、丧偶等其他情况。家庭规模越大，银行贷款和亲友及民间借款的参与率越高，说明家庭人口的增加带来更多的资金需求和压力，这一点与已婚状态比其他情况更多的参与借贷行为的趋势是一致的。

表 4-5 家庭借款途径的人口分布特征

家庭特征 \ 参与率 \ 借款途径		家庭有借款		借款途径			
				银行贷款		亲友和民间借款	
		家庭数	比重（%）	家庭数	比重（%）	家庭数	比重（%）
整体		1558	20. 7	515	6. 9	1209	16. 1
户主年龄	30 岁及以下	591	37. 9	219	42. 5	442	36. 6
	31~40 岁	309	19. 8	105	20. 4	238	19. 7
	41~50 岁	342	22. 0	109	21. 2	269	22. 2
	51~60 岁	187	12. 0	46	8. 9	156	12. 9
	61 岁及以上	129	8. 3	36	7. 0	104	8. 6
户主学历	初中及以下	995	63. 9	286	55. 5	805	66. 6
	高中、中专和技校	273	17. 5	87	16. 9	210	17. 4
	大专	179	11. 5	86	16. 7	119	9. 8
	本科及以上	111	7. 1	56	10. 9	75	6. 2
城乡家庭	城市家庭	632	40. 6	215	41. 7	478	39. 5
	农村家庭	926	59. 4	300	58. 3	731	60. 5

续表

借款途径 参与率 家庭特征		家庭有借款		借款途径			
				银行贷款		亲友和民间借款	
		家庭数	比重（%）	家庭数	比重（%）	家庭数	比重（%）
有无养老保险	有	931	59.8	327	63.5	711	58.8
	无	627	40.2	188	36.5	498	41.2
有无医疗保险	有	1397	89.7	467	90.7	1081	89.4
	无	161	10.3	48	9.3	128	10.6
婚姻	已婚	1093	70.2	351	68.2	864	71.5
	其他	465	29.8	164	31.8	345	28.5
家庭规模	3人以下	225	14.4	62	12.0	175	14.5
	3人	349	22.4	109	21.2	271	22.4
	3人以上	984	63.2	344	66.8	763	63.1

资料来源：根据2014年CFPS相关数据整理所得。

表4-6列出了家庭借款途径的社会网络特征。从中可以看出，与亲戚经常交往的家庭更多地获得了银行贷款和亲友及民间借款。邻里关系很和睦的家庭同样更多地获得了银行贷款和亲友及民间借款。礼金支出处于中等水平的家庭获得银行贷款和亲友及民间借款的比率较高。

表4-6　家庭借款途径的社会网络特征

借款途径 参与率 社会网络		借款途径			
		银行贷款		亲友和民间借款	
		家庭数	比重（%）	家庭数	比重（%）
整体		515	6.8	1209	16.1
亲戚交往	没有交往	7	1.4	38	3.1
	偶尔交往	162	31.5	409	33.8
	经常交往	346	67.2	762	63.0
邻里关系	关系一般	98	19.0	322	26.6
	比较和睦	160	31.1	376	31.1
	很和睦	254	49.3	511	42.3

续表

社会网络 \ 参与率 \ 借款途径		借款途径			
		银行贷款		亲友和民间借款	
		家庭数	比重（%）	家庭数	比重（%）
礼金支出	1000 元及以下	111	21.6	338	28.0
	1001~5000 元	272	52.8	622	51.4
	5001 元及以上	132	25.6	249	20.6

资料来源：根据 2014 年 CFPS 相关数据整理所得。

由于研究对象是借款途径，因变量是有无银行贷款和有无亲友及民间借款，运用 Logistic 回归进行分析发现：第一，在个体特征方面。家庭参与借款的行为和结果随着户主年龄的增加而下降，户主年龄越大的家庭规避风险的意识越强。学历对银行贷款具有显著正向影响，对亲友及民间借款基本没有影响。户主在已婚状态下的借款需求和借款结果高于未婚、离异、丧偶等其他情况。第二，在家庭特征方面。家庭资产和规模对银行贷款和亲友及民间借款都有推动作用，家庭资产越多、家庭规模越大的家庭越有借款倾向以满足多种消费需求，同时也越容易获得银行贷款和亲友及民间借款。农村家庭的借款需求高于城市家庭，也更多地获得了银行贷款和亲友及民间借款。农村家庭对银行贷款的可获得性显著高于城市家庭，对亲友和民间贷款的可获得性虽然高于城市家庭，但并不显著。第三，在社会网络方面。社会网络对银行贷款和亲友及民间借款都产生了重要影响。并且社会网络中的亲戚交往、邻里关系和礼金支出都对银行贷款具有显著影响，亲戚交往和礼金支出对亲友和民间借贷也具有显著影响，邻里关系对亲友和民间借贷影响不大。可见，正规金融机构和民间借贷都在帮助城乡居民获得更多金融服务方面发挥重要作用。与基于 2010 年的 CFPS 数据研究相比，从本研究的数据分析和研究结论可以得出，城乡居民的金融可获得性整体上得到了改善。

目前，在我国经济增速放缓的“新常态”下，迫切需要释放居民消费潜力，以实现“扩内需、保增长”的目标。已有研究表明，家庭适当负债可以帮助家庭平滑消费，增加收入和减少贫困，提升家庭福利水平（叶静怡和刘逸，2011）。

而本书研究发现家庭资产较少的农村家庭能从银行和亲友处获得借款的可能性较低。Armendáriz 和 Morduch（2010）认为小组联保、小额贷款、农民合作基金等金融制度在发展中国家是有效的，有利于缓解信息不对称所带来的种种问题。因此，我们可以在以下几方面推进城市和农村金融改革，鼓励民间合法、有效借贷，使城乡居民获得丰富、便捷、可靠的金融产品和服务，最终推进国家经济更快更好发展。

在提升农村家庭金融服务方面。首先，鼓励民间资本参与村镇银行、小额贷款和农村资金互助社等金融组织。我们应充分利用农户社会网络内部的信息流动来消除借贷过程中信息不对称所带来的逆向选择和道德风险问题，鼓励多种形式的民间金融在农村发展，加强农村金融服务的竞争，提供更好的金融产品，从而改善农村金融服务质量，降低信贷门槛。其次，激活农村金融市场。我们应推进农村金融市场开放，对于促进农村信用社的改革与发展，促进农村借贷市场的发展，满足农户的借贷需求及金融需求方面都有正向效应。最后，增加农村政策性贷款。收入水平较低的农户往往被排除在农村借贷市场之外，为此可以增加农村政策性贷款，帮助农户脱贫。同时，由于为农户提供金融服务费用大、风险高，政府应当对农村金融组织实行鼓励和扶持政策。例如，对为农民提供金融服务的金融机构实行优惠税收政策，以扶持农村金融事业发展。

在提升城市家庭金融服务方面。首先，不断改革创新，健全完善金融市场。虽然城市金融市场与农村金融市场相比较为成熟，但依然要在金融产品、交易方式、交易制度、市场组织形式等方面不断创新，以适应不断发展的新形势，满足城市家庭的金融服务需求。其次，加强贫困地区的金融服务。我们应发展多业态的普惠金融组织体系，构建多层次、广覆盖、有差异的银行机构体系；发展能够高效、便捷、低成本地提供融资、汇款、结算和支付等基本金融服务的各类金融机构。综合运用财税政策、货币政策和监管政策，引导金融机构更多地将信贷资源配置到贫困地区，推动社会和谐稳定发展。

第五章　科技企业发展互联网金融

近年来，互联网金融开启了金融创新的新时代，是直接融资与间接融资之外的第三种金融业态，在互联网产业领域迅速兴起。第三方支付、P2P 网贷、电商金融、众筹、直销银行等互联网金融模式不断发展。本章通过探寻互联网科技企业在制度变革背景下的发展历程，研究当前互联网金融创新的影响因素、模式和结果。

一、互联网金融创新的驱动因素

互联网金融发展的推动因素很多，其中信息对称性一直被视为互联网金融发展的决定性因素，所有金融风险的引发基本上都是信息不对称造成的（黄益平和周晔，2016）。金融科技降低了信息不对称，提高了风险定价和风险管理能力。在中国互联网金融监管体系逐渐完善的今天，互联网金融场域的行动者努力以最低的成本获得最有效的信息，这有助于了解交易双方的基本情况和投融资的项目信息，从而进一步推动互联网金融的健康发展。

互联网金融在中国的产生和发展也与金融市场的供需、互联网技术的发展、监管制度的变革等因素密不可分。传统金融服务不够完善，不能满足大众尤其是中小企业、农户以及城市低收入家庭的需求。互联网金融降低了金融服务的门槛，将金融服务下沉到传统金融机构覆盖不到的长尾用户，加大了金融市场的供给，增强了中小企业的活力。同时长尾用户大多缺乏金融知识和风险意识，风险识别和承受能力较弱，加大了投资者管理和金融消费者保护的难度。

在技术方面，传统金融服务的人工调查和风险评估逐渐被大数据、人工智能和云计算替代。例如，互联网科技企业运用大数据进行信贷反欺诈和信用评估，人工智能在投资顾问、风险控制等金融场景得到应用，私有云、行业云和公有云等云计算模式在金融机构中广泛运用，基于云计算提升金融服务水平。互联网科技企业依托技术、场景、数据等资源，为用户提供综合金融服务，倒逼传统金融机构加速转型升级。在推动金融服务和基础设施线上化、开放化的同时，技术依赖风险和网络安全风险进一步聚集。

在制度方面，中国对互联网金融的监管与时俱进，注重监管制度创新。世界主要国家对互联网金融的发展和监管持积极态度。2016 年英国金融行为监管局推出监管沙箱，为互联网金融科技企业提供“宽松版”监管沙箱。随后，澳大利亚、新加坡、瑞士等也纷纷推出各自的监管沙箱。美国拥有完善的金融体系和金融监管体系，只需关注某些已成型的互联网金融业态的特点，采取完善体制机制和相关政策的方式，将其并入现有的监管体制之下，强化法律法规、信息披露、行为监管和协调合作。2018 年美国财政部围绕支持非银金融机构、发展金融科技、促进创新等目标，评估美国现有金融监管体系，并向相关监管部门提出 80 余条建议。2018 年欧盟委员会在《金融科技行动计划》中提出众筹行业改革、制定监管沙箱最佳实践蓝图等目标。中国发挥市场规模和技术应用优势，在移动支付、网络借贷、在线供应链金融等方面进行了大量实践。互联网科技企业在取得金融牌照的前提下，通过发展合规互联网金融服务获得了新的增长点。中国注重监管制度创新，为互联网金融的发展营造了良好的政策环境。

总体而言，互联网金融的发展极大地弥补了传统金融高成本、低覆盖的弊端。由于对小微企业和低收入群体的征信困难，可信度难以考量，传统金融机构的服务难以覆盖上述群体。然而互联网金融的服务对象包括中小企业、农户和城市低收入者客户群体（黄益平和周晔，2016），原因在于互联网科技企业可以利用大数据和云计算分析这些客户的消费行为数据，获得相应的信用评级，解决了信息不对称的问题。截至 2016 年 2 月，由蚂蚁金服作为大股东发起设立的网商银行服务小微企业超过 80 万家，为小微企业累计提供超过 450 亿元的信贷资金[①]。低成本、广覆盖的天然优势使得长尾客户通过互联网金融享受到了更好的如支付、投资、理财等金融服务，极大地推动了我国普惠金融的发展。

二、互联网金融创新的模式

（一）第三方支付

1998 年中国第一笔互联网支付成功，互联网支付逐渐被人们接受。2010 年，中国人民银行发布《非金融机构支付服务管理办法》，指出第三方支付企业是提供非银行金融服务或资金转移服务的中介支付机构。所谓第三方支付平台，是指由非银行的第三方机构经营的网上电子支付平台。第三方支付通过利用互联网和信息安全技术，与各大银行签约，是介于用户和银行支付系统之间并与两者建立连接的一种电子支付模式（胡世良，2015）。中国对第三方支付机构实行牌照管理，截至 2019 年 8 月底，共有 238 家第三方支付机构拥有了相关的营业牌照。

第三方支付的发展推动了传统支付清算的变革（贾丽平等，2019）。传统的第三方支付是指中介企业提供的线上资金转移服务，新兴的第三方支付包括移动支付、预付卡、POS 机线下收单，通过在买卖双方之间设立过渡账户实现信用担保中介的功能（任曙明等，2013）。以支付宝为例，随着支付宝用户量的增加，交易量逐年递增，其作为第三方支付平台的主要盈利点也日渐清晰。首先，与其

① 参见 https：//baike. baidu. com/item/网商银行/8673037？fr=aladdin。

他第三方支付平台相同，各种情景类广告的代理费是支付宝的主要收益来源，巨大的用户规模稳固了其在同行业的竞争地位。其次，手续费和服务费也是支付宝的收益来源之一。第三方支付机构收取的手续费以与银行确定的手续费率为基准，在此基础上加上自己的毛利率，统一向客户收取费用。支付宝理财方面的服务费主要是根据各种金融产品在平台的销售量为衡量标准，收取基金公司不同规格的费用。除此之外，沉淀资金的使用、大数据的充分利用以及其他增值服务等均是支付宝的收入来源。不难看出，像支付宝这种第三方支付机构凭借用户量和交易量的优势，其盈利方式愈加多元化，推动了互联网金融的长远发展。支付宝和腾讯金融已占据主要流量入口和交易额，市场份额合计超过90%，保持大幅优势。

第三方支付的兴起，源于客户的需求。它打破了传统金融的垄断，借助互联网技术的高效性为用户提供更加快捷的个性化服务，被广大用户接受并使用。随着未来互联网金融新业态的不断开拓，第三方支付平台作为互联网金融业态的关键一环，必将拥有足够的发展空间。

第三方支付在发展过程中也出现了一些负面现象，包括支付欺诈、信用卡套现等。自2000年以来，欧美等国家和地区制定了一系列有关电子支付的法律法规。美国对第三方支付的监管重点在于交易过程，将第三方支付视为货币转移业务，本质上是传统货币服务的延伸，并没有将其作为一种新的组织通过专项立法进行监管。欧盟则对第三方支付机构做出明确的界定，第三方支付机构只有在获得银行或者电子货币机构营业执照的前提下才能从事相关业务。

创新聚焦5-1

从支付宝到蚂蚁集团

从PC互联到移动互联，再到智能互联，2004年诞生的支付宝不断创新。随着中国服务业数字化升级的大趋势，支付宝从一个支付工具成长为一站式生活服务平台。2013 年支付宝的母公司以其为主体筹建小微金融服务集团，小微金融成为蚂蚁金服的前身。2020 年 7 月蚂蚁金服正式更名为蚂蚁集团。

一开始支付宝只是一个第三方系统，阿里巴巴需要将信息发送给银行和卖家，才能实现淘宝订单流程。2011 年，支付宝开发了二维码支付系统，这使支付方式发生了巨大变化。中国老百姓持有信用卡的较少，但手机基本人人都有。商家只要在收银台用条形码扫描器或自己的智能手机扫一扫，支付宝二维码支付系统将钱从用户预支付的支付宝余额或银行卡中提取出来。“双 11”是全球最大的单日商业盛事，也是被创造出来用于促进移动支付使用的多个节日之一。2017 年的“双 11”，支付宝每秒处理交易的峰值达 25.6 万单，而 Visa 平均每秒处理笔数为 1750 单，最大笔数为 2.4 万单。

支付宝将业务延伸到其他领域，例如余额宝作为一个小额分散的现金管理工具，帮助用户在不使用支付宝时将余额储存起来，也就是把支付宝中的预付资金转变为余额宝中的升息资产。

2014 年，中国监管机构放开了民营企业申请银行牌照的限制，网商银行成为中国首批试点的民营银行，也是一家没有网点的互联网银行。蚂蚁金服持股 30%，其他股东包括复星国际、万向三农、宁波金润等。网商银行最重要的合作伙伴是阿里巴巴，主要放贷标准是用户在淘宝和天猫上的交易记录。网商银行支持淘宝上的小微企业，实践了 3 分钟申请、1 秒钟放款、全程 0 人工接入的贷款“310”模式。

芝麻信用是一套信用评估系统，通过云计算、机器学习等技术客观呈现个人的信用状况，包含用户信用历史、行为偏好、履约能力、身份特质、人脉关系五个维度。芝麻信用在 40 个行业为用户提供信用服务，用户可以使用信用购、信用租、信用住等多种服务。

蚂蚁森林源于支付宝的碳排放账户，也是世界上最大的个人碳排放账户平台。蚂蚁森林鼓励用户选择绿色生活方式，如公共交通出行、在线缴纳水电煤气费、网络挂号、网络购票等，节省的碳排放量将被计算为虚拟的“绿色能量”，用来在手机里养大一棵虚拟树。虚拟树长成后，蚂蚁森林和公益合作伙伴会在地球上种下一棵真树，或守护相应面积的保护地，以培养和激励用户的低碳环保行为。

蚂蚁集团拥有支付宝、余额宝、网商银行、蚂蚁花呗、芝麻信用等多个业务板块，不只是一个支付应用或移动钱包，像是把亚马逊、Paypal、脸书等融合成一个生态系统，形成完整的商业和金融体系。

资料来源：根据蚂蚁集团网站和公开资料整理。

（二）网络借贷

巨大的市场需求推动了P2P网络借贷的产生和快速发展，P2P是出借方和借款人的点对点借贷。P2P网络借贷是现代互联网技术和传统民间借贷相结合的新型金融服务模式，贷款人和投资者之间通过第三方平台，而不是金融机构产生无抵押贷款（Bachmann等，2011）。P2P网络借贷被赋予了普惠金融、金融脱媒等多种意义，为人与人之间公开透明的信用交易提供了可能。出借方一般是缺乏理财渠道的个人投资者，也称为投资人。借款方多是从银行渠道借款困难又急需周转资金的个人或小微企业。在P2P行业，创业者的行业经验往往对其稳定、持续发展产生重要影响。创业者如果没有行业工作经验，那么在无抵押情况下控制信贷风险、为借贷双方提供优质可靠的金融服务、利用互联网技术获得金融便捷性等方面将面对重大挑战。具有行业经验的创业者在规范经营、风险控制、与监管机构互动、获得客户信任等方面更有优势。

P2P网贷模式最早是在西方个人信用体系比较完整的发达国家开展起来的（王飞，2019）。平台的作用是最大限度地匹配借款人和投资人，满足借贷双方的需求。但由于该模式的准入标准低，运营模式尚未定型，在野蛮生长中也出现了一些问题，包括骗钱、资金周转、风控等。2012年“优易网”上演了一次中国式的“庞氏骗局”，8%的产品年化收益率吸引了大批的客户，最后平台和运营公司人间蒸发，投资人近千万元的资金无法追回（胡世良，2015）。2013年“天力贷”事件显示利用虚假信息自融自用的方式严重背离了网络借贷的初衷，扰乱了行业秩序。

自2016年以来，P2P平台频繁“暴雷”，行业规模萎缩。2020年11月，全国P2P网贷机构全部清零。

延伸阅读5-1

网络借贷实证研究

网络借贷实证研究集中在两个方面。

第一，针对借款人信息价值的研究。大部分研究认为信息是有价值的，财务信息、个人特征或者社会关系有助于评估借款人的信用，那些需要高成本认证的信息价值更高。网络借贷市场上存在借款人与出借人之间信息不对称的问题，信息不对称产生的原因可能来自逆向选择和道德风险。与出借人相比，借款人拥有的信息要远远多于出借人拥有的信息。为了提高借款成功率或者降低借款利率，借款人会故意隐藏对自己不利的信息。P2P网络借贷平台会强制要求借款人提供借款目的、借款期限、借款利率和一些经过第三方认证的财务或非财务信息，如借款人信用评分、收入和支出账单、是否拥有住房和债务收入比等。除了上述信息，部分平台也会要求借款人提供个人的人口统计学信息，如性别、年龄、种族、受教育程度等。此外，一些借款人会自愿披露一些非认证性质的信息，如借款描述、照片、家庭背景、自己的爱好等；以及自愿披露社交信息，如在平台上借款人可以选择加入群组，或者邀请朋友一起在平台上借款或投资等。

第二，针对出借人投资行为的研究。出借人是否具有信息识别能力目前的研究结论并不一致。有的研究认为出借人具备信息识别能力，而有的研究则认为出借人并不具备信息识别能力。在出借人行为中也检验出本地偏好、羊群行为、学习能力和风险厌恶等传统金融市场上发现的投资者行为。例如，有研究使用Prosper网络借贷平台的交易数据来考察网络借贷平台是否存在本地偏好（Home Bias）。多种方法检验的结果发现，网络借贷平台存在本地偏好。进而考察本地偏好产生的原因，发现本地偏好并没有经济上的解释，更多的是一种情绪上的因素导致，投资于本地借款并不能给出借人带来更高的收益。

资料来源：廖理，张强 . P2P 网络借贷实证研究：一个文献综述［J］. 清华大学学报（哲学社会科学版），2017，32（2）：186-196.

（三）大数据金融

大数据金融是指集合海量非结构化数据，通过互联网、云计算等信息化方式，对客户消费数据进行实时分析，可以为互联网金融企业提供客户全方位信息，通过分析和挖掘客户的交易和消费信息掌握客户的消费习惯，并准确预测客户行为，提高金融服务平台信贷效率和降低借贷风险（胡世良，2015）。大数据金融主要有平台金融和供应链金融两种模式，其中平台金融是指企业基于互联网电子商务平台提供的金融服务，或企业通过在平台上积累的资金流、物流等，组成以大数据为基础的平台来整合金融服务；供应链金融是指供应链中的核心企业利用其所持产业链的上、下游资源优势，充分整合供应链资源和客户资源而为其他参与方提供融资渠道的金融模式（刘英和罗明雄，2013）。

小微企业对中国经济发展发挥着重要作用，但传统金融未能有效解决小微企业融资难问题。截至 2017 年底，中国小微企业总数达 7328.1 万家，贷款余额为 24.3 万亿元，占企业贷款余额的 33%（张璐昱和王永茂，2018）。小微企业在推动经济发展的同时未能得到足够的金融支持，大数据金融模式的出现为融资困难的小微企业找到了切实可行的出路。

陈明昭（2013）认为电商大数据金融能够做到精细化服务进而提高客户转化率。林巍和王祥兵（2016）认为电商大数据金融扩大了金融服务范围，增加了对小微企业的融资比例。郑彬华和文玉静（2017）提出电商大数据金融特指以大数据电商平台为基础所开展的金融服务产品，即凭借海量丰富的运营信息数据，利用信息整合技术，详细参照以前金融业务运作形式，创新资金流转和金融产品的运作机制。中美两国在互联网大数据方面采取的积极行动如表 5-1 所示。中美不同时期的大数据发展对互联网金融的发展起推动作用。2021（第六届）大数据产业生态大会在北京召开，中国大数据企业50强在大会上揭晓，其中有18家企业提供金融科技、大数据金融应用等产品和解决方案，包括阿里巴巴、腾讯、神州数码信息服务股份有限公司、太极计算机股份有限公司、浪潮卓数大数据产业发展有限公司、金电联行（北京）信息技术有限公司、光大科技有限公司等。

表5-1 中美两国互联网大数据相关大事记

时间	事件
2005年12月	大数据技术的诞生：Hadoop项目——为解决雅虎公司网页搜索问题而设立
2010年2月	肯尼斯·库克耶（Kenneth Cukier）在《经济学人》上发表大数据专题报告《数据，无所不在的数据》
2012年1月	大数据成为在瑞士达沃斯召开的世界经济论坛的主题之一
2012年3月	美国政府发布《大数据研究和发展倡议》，大数据成为重要的时代特征
2012年7月	阿里巴巴集团全面推进“数据分享平台战略”，天猫携手阿里云、万网联合推出了一个开放的电商云工作平台“聚石塔”
2014年5月	美国白宫发布2014全球“大数据”白皮书——《大数据：抓住机遇，守护价值》，从政策调整、法律制定、法律解释和技术革新几个方面对大数据时代下完善公民个人数据保护提出了建议，试图解决大数据利用与公民信息保护价值之间的冲突，以释放大数据为经济社会发展带来的新动能
2015年2月	我国首个国家级大数据发展集聚区——贵阳·贵安大数据产业发展集聚区，经中华人民共和国工业和信息化部批准创建
2016年12月	为推动我国大数据产业持续健康发展，实施国家大数据战略，落实国务院《促进大数据发展行动纲要》，按照“十三五”规划纲要的总体部署，工业和信息化部发布《大数据产业发展规划（2016—2020年）》（工信部规〔2016〕412号）
2020年4月	中华人民共和国国家互联网信息办公室、发展和改革委员会等12个部门发布了《网络安全审查办法》，自2020年6月1日起实施。第六条规定掌握超过100万用户个人信息的运营者赴国外上市，必须向网络安全审查办公室申报网络安全审查
2021年6月	2021年6月10日第十三届全国人民代表大会常务委员会第二十九次会议通过了《中华人民共和国数据安全法》，自2021年9月1日起施行

资料来源：根据相关资料整理所得。

大数据与互联网的结合在金融领域主要体现在以下三个方面：第一，大数据为电子化和数字化的金融交易提供支持，交易渠道网络化，信息信用数字化。第二，中介功能在大数据金融模式下被弱化，运用大数据的同时考虑到互联网的去中心化的特性，传统金融服务的中介功能被削弱了。第三，通过运用大数据平台，借助大数据分析技术，使得金融业务智能化。通过分析顾客的需要（如行为和某些偏好），更好地针对不同的客户做出不同的金融交易决策。

大数据金融模式在助力企业发展的同时，需要考虑到以下几点：第一，提升大数据风控技术。数据的交换和共享要有严格的监控体系，继续拓展小微企业融资业务相关产品和服务。第二，维护大数据的所有权。大数据金融模式首先应保证用户个人隐私不受侵犯，其次考虑因大数据交易带来的社会效益。2016 年 1 月 6 日美国联邦贸易委员会（Federal Trade Commission，FTC）发布了题为《大数据：包容工具抑或排斥工具》的研究报告，介绍了大数据技术应用给消费者带来的利益和风险，探讨了应当如何利用大数据，使人们既能充分享受其给社会带来的利益，又能最小化其法律和道德风险。第三，适度监管，安全发展。我们在把大数据金融风险控制在合理范围内的同时，应大力推进大数据金融的健康发展。

创新聚焦 5-2

普洛斯金融

普洛斯金融是一家以大数据、物联网和区块链技术为驱动的创新型数字风控供应链金融服务公司。普洛斯是全球领先的投资管理与商业创新公司，专注于物流、不动产、基础设施、金融及相关科技领域。在全球拥有和管理的物业组合达 6200 万平方米，业务遍及巴西、中国、欧洲、印度、日本和美国，在不动产及私募股权基金领域的资产管理规模达 890 亿美元。普洛斯是中国首屈一指的现代物流及工业基础设施提供商和服务商；秉承创业和创新精神，进一步发展科创产业园，布局新能源、数字新基建等领域，提升科技及服务能力，打造领先的产业发展生态体系。普洛斯在中国43个战略性区域市场，投资、开发和管理着近400处物流、制造、数据中心、科创办公类设施，总面积超过4200万平方米。在中国，每3个来自高端仓储的包裹，就有1个来自普洛斯。普洛斯还率先投资于技术和创新，引领智慧物流前沿；通过股权投资、金融科技及数据科技平台，不断提高资产运营效率，提升资产价值。

普洛斯在提供仓储服务过程中，看到了很多中小企业的融资需求。为全方位服务于仓储物流体系中的中小企业，普洛斯成立了普洛斯金融，进入供应链金融领域。在普洛斯全球所有分支机构中，只有中国开展供应链金融业务。普洛斯金融运用大数据、物联网、区块链等技术手段，搭建底层科技平台，实现多维度信息验真。同时依托普洛斯的产业背景，深入采购、生产、仓储、配送、销售等各个环节，针对不同的行业、场景、客户群开展业务，打造包括代采、设备租赁、货押融资、运费垫付、应收账款保理等在内的各类供应链金融产品。一方面为金融机构提供真实有效的数据和优质的资产，另一方面为中小企业源源不断地提供低成本资金，在提升风控管理水平的同时有效地提升了供应链黏性，形成良性的供应链金融生态（见图5-1）。

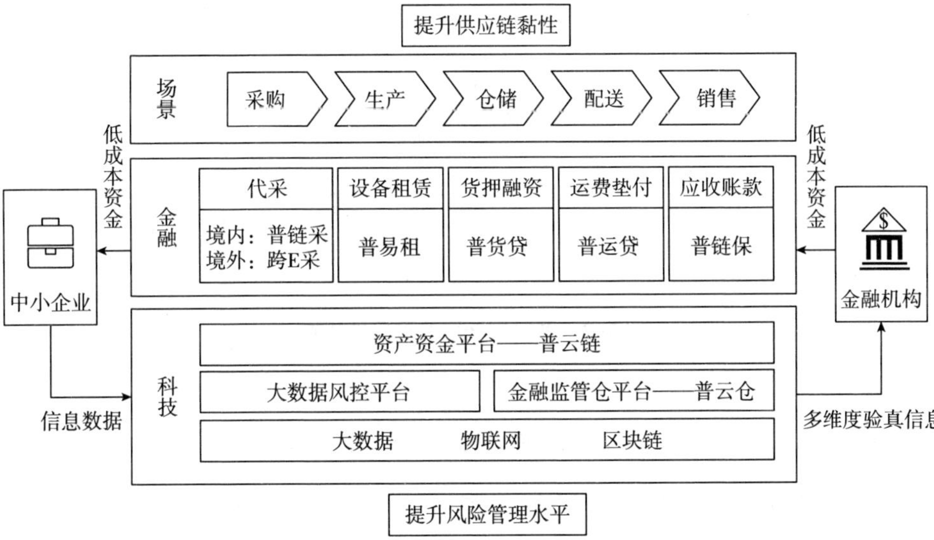

图5-1　供应链金融全场景解决方案

传统金融机构仅能掌握核心企业产业链中局部节点的经营状况，而普洛斯金融聚焦传统融资模式下服务不到的长尾中小企业客户，与传统金融机构相比，普洛斯金融各产品中的数据结构贯穿产业链全场景。普洛斯金融从主体、商品、合作平台等多个维度动态管控风险，基于场景内数据及产业链中相关主体关系，形成相应的供应链知识图谱及完备的风控模型。数据风控最重要的是数据的维度和广度。前期的基础设施建设已经让普洛斯金融拥有的数据覆盖了商流、物流、信息流以及资金流，基于这四流的数据，针对不同产业和节点的企业，普洛斯金融设计了针对不同客户的风控模型，包括贷前、贷中、贷后模块（见图 5-2）。

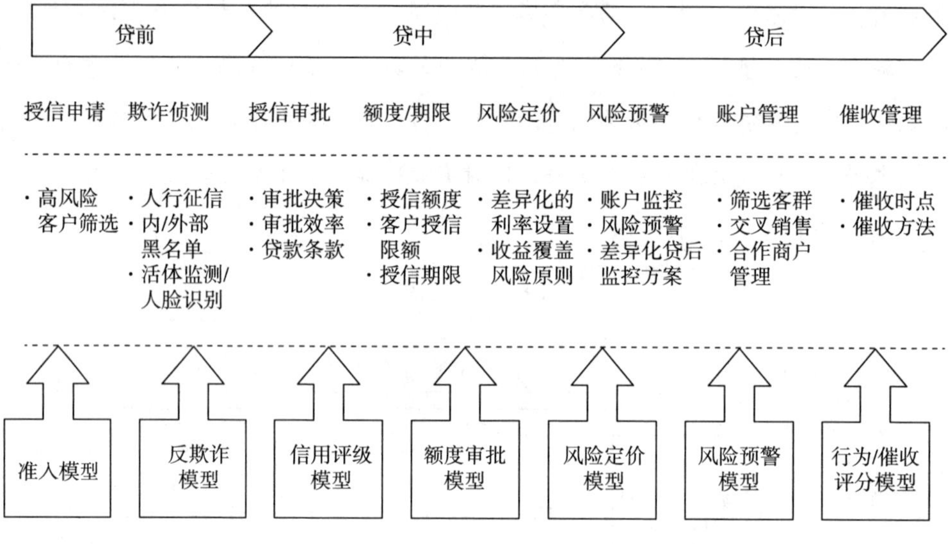

图 5-2 普洛斯金融信贷风控体系

在贷前阶段，普洛斯金融对提出授信申请的企业进行筛选，排除高风险客户。同时，通过接入人行征信、人脸识别、普洛斯金融内部及第三方黑名单等数据，进行欺诈侦测，对于通过筛选的客户利用反欺诈模型、信用评级模型等大数据模型进行额度及期限的审核，贷前阶段主要围绕数据标准化、授信模型及授信额度与利率的评估模型开展。在贷中阶段，普洛斯金融利用评估模型预设授信额度和利率，通过模型预设输出可给客户的授信金额和利率，辅助人工风控决策，对已批准的授信额度内的授信需求通过系统直接授信。同时，授信额度模型自动输出提款审批条件以及预设的提款审批模型，辅助提款审核。在贷后阶段，监控平台主要由风险预警模型及催收模型组成，普洛斯金融会从多维度的数据来源还原客户经营信息，以便及时预判风险，保障资金安全。目前普洛斯金融针对不同行业的监控指标已形成了一定的行业标准。

资料来源：宋华，伊志宏，张霞，等．普洛斯金融："场景+技术+金融"赋能中小企业［A］．中国管理案例共享中心，2020.

（四）众筹

众筹是一种公开招标，新企业通过互联网，以某种形式的回报、投票权作为保证，让公众提供资金或者捐赠，支持他们实现特定的目标（Cumming，2012；王雪莉和董念念，2018）。2012 年 4 月，美国总统签署了《创业企业融资法案》（Jumpstart Our Business Startups，JOBS），允许通过互联网为项目募集资金，引发了全球对众筹的高度关注。互联网众筹融资又称为互联网大众融资，是一种基于"互联网+金融"创新的模式，是借助互联网平台，吸引大众投资目光的一种直接融资模式（张智能，2018）。与 P2P 网贷类似，互联网众筹是在融资者、互联网平台和投资者之间建立起来的金融模式。不同的是，互联网众筹融资的投资者数量众多而每个投资者投资的金额比较小，经常出现投资数额在个位数的投资者。互联网平台在互联网众筹模式中起到桥梁的作用，将融资人及项目推送到大众投资者面前，使投资具有便捷性和实效性。

获得资源是创业者的重要任务，而新创企业最重要的资源是财务资本，以推动企业成长、提高绩效。创业融资文献聚焦于创业者从专业投资者，如风险投资、天使投资等处获得私人投资；也有研究强调创业公司公开发行证券。股权众筹规则融合了公共和私人融资，通过降低创业者获取资源的难度，扩大参与证券市场的资源提供者的数量和类型（Cummings 等，2020）。股权众筹为新企业提供大量资源，大众投资者如何决定投资哪些企业值得关注。Shafi（2021）认为群体投资者缺乏经验和培训，无法评估复杂的、技术性的投资信息，从而可能导致他们将更多权重放在看起来容易评估的因素上，并将较少权重放在较难评估的因素上，筹款成功与产品或服务的属性密切相关，其次是团队特征，特别是创始人的动机和承诺。

天使投资从非正式的个人投资向组织化、网络化，再向众筹转变。天使众筹基于互联网众筹平台，是专业投资人领投、小额天使投资人跟投的联合投资。天使众筹是金融和互联网融合发展的产物，为解决创业融资提供了新方法。天使众筹的特点是众多投资人投资一个项目。蚂蚁天使众筹平台成立于 2014 年，2015~2018 年共有 55 个项目成功融资，其中领投跟投的项目 47 个。对这 47 个项目的研究发现，天使众筹联合投资网络与风险投资联合投资网络差异显著，前者是强凝聚性和高开放性并存的网络，后者则是弱凝聚性和低开放性并存的网络（李姚矿等，2021）。

创新聚焦 5-3

京东众筹平台

众筹在国内的起步以我国第一家众筹网站——点名时间（成立于 2011 年）的运营为起点，国内众筹平台初具规模，主要以淘宝众筹、苏宁众筹、京东众筹为主，此外追梦网、天使汇、众筹家等众筹网站的建立与运营也逐渐被业界熟悉。京东众筹于 2014 年 7 月 1 日建立，此前，淘宝众筹于 2013 年“双 12”期间正式运营，在科技、农业、娱乐以及公益等领域协助个人发起创意梦想筹资，本质上仍属于预购平台。而京东众筹自建立之初便旨在打造一个基于早期在 3C、数码等领域长期、稳定的客户群基础上的低门槛、全民都有真实参与感的众筹平台，本质上属于产品众筹和股权众筹。

随着2016年点名时间被收购，我国众筹行业进入寡头时代，京东众筹、淘宝众筹、苏宁众筹三家平台呈现三足鼎立的局面。京东众筹无论是筹资规模，还是项目成功率均领先其他平台。项目高成功率代表有更多双创企业通过京东众筹平台得到了市场和行业的认可。创业企业很难凭借一己之力获得市场和用户的认可，为此京东众筹构建了针对服务创新创业企业的全流程服务体系。京东众筹的全流程服务体系包括产品众筹、京东东家、众创生态、众创学院和京东金融众创基金五个项目。在企业发起众筹项目之前的创意阶段，产品众筹依托京东大数据能力，为双创企业的产品提供有关市场情况、用户需求等分析建议，从而及时调整产品的研发、生产、运营、迭代等环节安排，最终为用户提供更好、更贴合需求的产品。在项目众筹成功、产品上线之后，京东产品众筹为创业企业对接京东商城、京东物流、京东金融旗下供应链金融、消费金融、支付等多种资源服务，帮助企业优化消费通路和市场营销效率，推动创业企业由项目成功走向企业成功，从而为创业企业在发展过程中所处的不同阶段，提供具有针对性、完整性、延续性的解决建议和方案，帮助创业企业发现、验证、解决企业或产品发展过程中遇到的难题。

资料来源：王洪生，杨柳，岳胜男，等．京东众筹平台，梦想汇聚地［A］．中国管理案例共享中心，2017.

互联网众筹模式的优势在于可以进一步推动解决社会普遍存在的信息不对称问题。在互联网平台上进行投融资，投资者可以充分了解融资者提供的项目，为融资者快速有效地提供资金支持；众筹模式同时使得大量的民间闲置资金进入金融市场，为金融市场和新创小微企业提供了新的活力。2016 年我国互联网众筹整体筹资规模大约在 220 亿元，众筹平台有 608 家，但正常运营的只有 337 家（潘虹，2018）。截至 2017 年 12 月底，全国正常运营众筹平台共有 209 家（张智能，2018），众筹运营平台有所减少，但平台的风险依旧存在。我国需要进一步规范互联网众筹服务，在加强行业监管的同时，区分开互联网众筹融资和非法集资，推动大众资本的有效运用和高效运转。

创新聚焦 5-4

Indiegogo 众筹平台

2008 年 Indiegogo 成立于旧金山，是美国最早的众筹平台之一。截至 2021 年 7 月，Indiegogo 总众筹额超过 20 亿美元，拥有 1200 万平台众筹者，最成功的众筹项目的销售额超过 1700 万美元，在全球 21 个国家运营项目。

2016 年，Indiegogo 开始涉足帮助中国品牌出海的项目。派美特（Padmate）是一家代工企业，为欧美与国内大品牌代工智能硬件产品。2019 年，派美特的第三代产品 PaMu Slide 无线蓝牙耳机在 Indiegogo 上发起众筹，同年 10 月，这款耳机上线小米有品，售价 599 元。从 0 基础到三代众筹，派美特共筹集 1100 万美元，积累 18 万用户。这家原来主营 B2B 业务的工厂，成功转型为出海品牌新星。

美的窗式空调（Midea U）是针对北美地区开发的创新式窗式空调，机身上有一个 U 形槽，允许窗户随时打开或关上，打开时可以流通室内外空气，关上时隔绝室外噪音。而传统窗机装上后，为了固定空调，须用螺丝把窗户封死。Midea U 在北美正式发售之前，在 Indiegogo 上收到超过预期 70 倍的众筹款。美的通过 Indiegogo 与海外用户实现了新的沟通方式。Media U 被美国有线电视新闻网（CNN）评选为“2020 年度最佳窗式空调”。北京高科技公司 Forward X 在 Indiegogo 上为其 Ovis 行李箱筹集了 130 万美元，获得了来自 18 个国家和地区的 3392 名众筹参与者的支持，3342 人通过 Indiegogo 购买了 Ovis 行李箱。

智能电动自行车 Mate X 是 Indiegogo 上的明星众筹项目。丹麦自行车公司 Mate. Bike 生产折叠电动自行车，2018 年 Mate. Bike 推出新一代产品 Mate X，以宽轮胎、轻重量、可折叠、配备 U 盘插头为使用者带来更多便利。Mate X 在 Indiegogo 上引发购买热潮，仅用 74 天，8000 多位众筹支持者共贡献了 1500 万美元，成为北欧地区最大笔的品牌众筹项目。Mate X 的成功来自 Mate. Bike 与消费者进行直接而紧密的互动。Mate. Bike 舍弃了传统的零售渠道与经销模式，选择直接面对潜在客户、与消费者建立直接关系。这样他们才能遵循消费者观点，持续改良既有产品，并推出新一代产品 Mate X。他们给予消费者前所未有的参与感与消费体验，也最终获得了消费者的支持。

资料来源：根据公开资料整理。

（五）互联网直销银行

目前国内外学术界对直销银行还没有形成统一的定义，国际上对直销银行也有不同表达，直销银行一般是指银行借助互联网和移动通信技术实现资金融通、支付和信息中介功能的新型金融模式（李善民，2019）。1997 年荷兰国际集团在加拿大创立的直销银行 ING Direct，是全球第一家直销银行，2000 年成为加拿大最大的直销银行。受次贷危机影响，ING Direct2012 年被出售给加拿大丰业银行（Scotiabank）。在成立 ING Direct 前，荷兰国际集团在海外的对公业务和保险业务已经占据一定的市场规模，但没有零售业务，ING Direct 旨在拓展海外零售业务，发展网上银行，支持母公司业务发展。

我国直销银行发展迅速，民生银行直销银行部率先于 2013 年 7 月成立，2014 年 2 月，民生银行直销银行正式上线，这是我国第一家直销银行。2015 年 2 月工商银行推出了工银直销银行（原工银融 e 行），不依托物理网点和柜员，客户可以通过互联网直接完成在线注册、购买产品、获取服务。

直销银行是伴随着互联网技术的发展而产生的，它颠覆了大众对传统银行业务的认知。对银行而言，顾客不再通过线下营业点去办理业务，银行减少了人员和固定设备方面的支出，降低了运营成本。对顾客而言，由于银行的运营成本降低，银行有可能为顾客提供高于同行业平均水平的存款利率，而随着目前国内利率改革的进行，直销银行的成长也拥有较好的市场条件。

随着直销银行的发展，其弊端也逐渐显现出来。直销银行提供的产品与服务单一，这决定了大部分直销银行需要依赖并隶属于传统银行，这就带来了资源重复、服务重叠的问题。直销银行和直销业务需要协调好和传统银行服务之间的关系，尽可能做到资源互补、客户共享，才能获得长远发展。

表5-2列出了中国主要网上银行，即微众银行、网商银行、新网银行、百信银行的运营情况。以腾讯、百业源投资和立业集团为主要股东的微众银行在2018年实现营业收入100.30亿元，不良贷款率为0.51%，业绩亮眼。网商银行由浙江蚂蚁金服、上海复星等股东发起设立，围绕阿里生态小微企业的需求，选择小额高频的业务场景，开拓增量市场，与传统金融机构相辅相成。新网银行由新希望集团、小米等股东发起设立，坚持“数字普惠、开放连接”的经营特色，打造数字科技普惠银行。中信银行与百度公司联合发起设立百信银行，于2017年11月正式开业。

表5-2　网上银行运营情况

银行名称／运营情况	微众银行	网商银行	新网银行	百信银行
开业时间	2014年12月	2015年6月	2016年12月	2017年11月
主要业务	零售信贷	小额存贷款	小额信贷	消费金融、小微金融、财富管理
客户定位	小微企业，个人用户	小微企业	中小微企业，“三农”	小微企业，个人用户
客户数量（万户）（截至2018年末）	10000	1227	1900	1200
资产总额（亿元）（截至2018年末）	2200	959	362	359
营业收入（亿元）（2018年）	100.30	62.80	13.35	12.95
不良贷款率（%）（截至2018年末）	0.51	1.3	0.39	—
特色	普惠金融	普惠金融	数字普惠开放连接	智能与普惠

资料来源：根据年报和相关资料整理所得。

（六）互联网保险

随着数字经济的发展，互联网保险应运而生。发达国家的互联网保险分为B2C、B2B两种模式。B2C包括保险公司网站、第三方保险超市网站及互联网金融超市三种形式；B2B模式包括互联网风险市场和互联网风险拍卖两种形式（李红坤等，2014）。何德旭和董捷（2015）将我国互联网保险划分为官方网站模式、第三方电子商务平台模式以及专业互联网保险公司模式。官方网站模式是保险公司自主建立并运营电子商务平台，利用互联网展示品牌、拓宽渠道，并增强客户体验感的电子营销方式；第三方电子商务平台模式是指保险公司通过第三方电子商务公司搭建网络销售平台，进而开展保险业务的保险经营模式；专业互联网保险公司模式是指专门针对互联网保险需求，不设线下分支机构，从销售到理赔全部交易流程都在网上完成的保险经营模式，成立于2013年的众安在线财产保险股份有限公司（以下简称众安在线）是中国第一家专业互联网保险公司。中国保险行业协会发布的《2020年互联网财产保险市场分析报告》[①] 指出互联网财产保险业经营主体持续扩张，截至2020年，共有73家保险公司开展互联网保险业务，但互联网财产保险业务规模有所收缩，2020年互联网财产保险累计保费收入797.95亿元，同比下降4.85%。

互联网保险的发展引发了传统保险的变革，为保险行业注入新的生命力。从经济增长来看，互联网保险补充并扩大了保险行业的销售。庞大的网民数量为互联网保险的发展奠定了用户基础，利用互联网，减少中间环节，缩短投保、承保、保费支付和保险金支付等流程的等待时间，提高了运营管理效率。从成本管理来看，利用网络平台销售，免去机构网点的运营费用以及支付代理人或者经纪人的佣金。互联网金融以及数字经济的发展使得保险行业有了新的变化和进步，但是互联网保险仍存在一定的风险和挑战。在推动互联网保险发展的同时，要警惕风险问题，加强监督管理，保证行业有序健康发展。

---

① 参见 http：//insurance. jrj. com. cn/2021/03/26084132226392. shtml。

创新聚焦 5-5

众安在线

众安在线是中国首家互联网保险公司，于 2013 年 11 月揭牌开业，2017 年 9 月在香港联合交易所主板上市。股东包括蚂蚁金服、腾讯、平安集团等。众安在线总部位于上海，围绕健康、生活消费、消费金融、汽车、航旅五大生态，通过互联网提供保险服务。

众安在线 2020 年报①显示了其 2019 年和 2020 年各生态的总保费（见图 5-3）。2020 年健康生态向 2390 万被保用户提供健康保险及医疗服务，实现总保费 66.043 亿元，较 2019 年同期增长 37.4%。数字生活包括为电商平台提供的涵盖退货、产品质量、物流、售后服务、商家保证金等场景的风险保障，以及基于在线出行及旅行平台，就航空意外、航班延误、旅行意外、机票或酒店取消等旅途意外状况，为差旅人士提供出行意外保障，覆盖了中国所有在线旅行（Online Travel Agent，OTA）渠道，包括携程、同城、去哪儿等，2020 年数字生活总保费为 62.99 亿元，赔付率约为 62%。2020 年消费金融生态总保费约 21.62 亿元，同比下降约 30%；2020 年，受宏观经济压力和新冠肺炎疫情影响，新车销售量下滑，件均保费有所下降，但汽车生态仍实现总保费约 13.28 亿元，同比上升 5.1%，当期被保用户数约为 131 万人。

众安在线采取“保险+科技”的双引擎驱动，从 2014 年搭建保险核心系统“无界山 1.0”，到 2020 年升级为新一代保险数字化核心系统“无界山 2.0”，系统涵盖了承保、理赔、渠道、产品、收付、用户、单证、再保，支持保单全生命周期管理。众安在线将领先的保险科技通过产品化的方式对国内外希望开拓数字化保险的客户进行输出。截至 2020 年底，众安在线服务保险产业链客户共 75 家，包括国内领先的太平集团、太保集团等保险公司，以及日本的 Sompo、新加

① 参见 https：//www1.hkexnews.hk/listedco/listconews/sehk/2021/0326/2021032601195_ c.pdf。

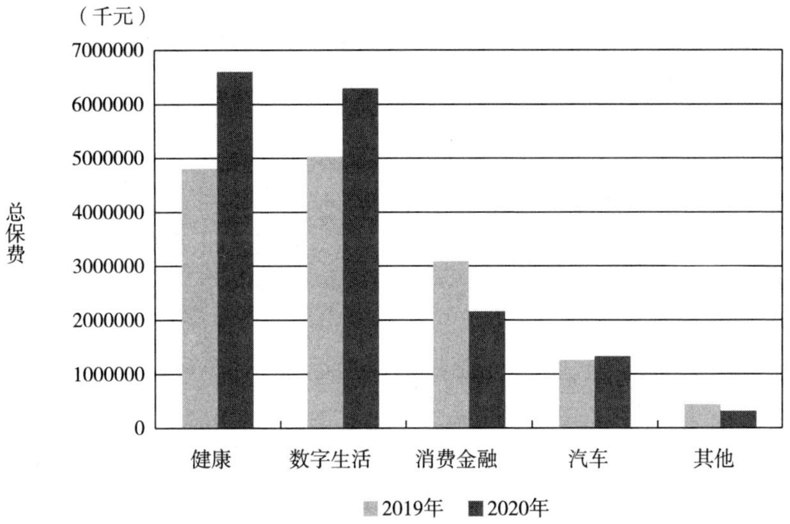

图 5-3 众安在线各生态的总保费

资料来源：众安在线 2020 年报。

坡的 NTUC Income、印度尼西亚的 GrabExpress 等国际客户。2020 年众安在线科技输出收入约 3.65 亿元，同比增长约 35.4%。

资料来源：根据公开资料整理。

创新聚焦 5-6

中国信保发展互联网保险

中国出口信用保险公司（以下简称中国信保）是由国家出资设立、支持中国对外经济贸易发展与合作、具有独立法人地位的国有政策性保险公司，于 2001 年 12 月正式运营。中国信保的主要产品及服务包括：中长期出口信用保险、海外投资保险、短期出口信用保险、国内信用保险、与出口信用保险相关的信用担保和再保险、应收账款管理、商账追收、信息咨询等出口信用保险服务。

为服务民营和小微企业，中国信保持续研究小微企业的信用保险产品，通过“互联网+信保”模式，不仅实现了中小微企业“零门槛”投保，在“小微企业信保易”产品项下，企业还可以足不出户在线投保。2019 年中国信保推出三项小微企业专属服务项目：“中国信保小微学院”，依托互联网技术，提供小微企业成长培训服务，以及国别行业风险信息、海外买家风险查询等资讯服务，构建小微企业交流互动平台。“小微资信红绿灯”，通过整合中国信保数据资产和信用评级技术，为小微出口企业提供即时、标准、可视度高的移动端海外买方交易风险识别查询服务。项目具备“随手查”“好辨识”“实效快”和“易操作”的特点。“信保贷”，是为小微企业提供的全线上保险融资产品，自 2019 年 9 月推出至年底，累计为 200 余家小微企业实现授信金额 1.2 亿元，为缓解小微企业融资难、融资贵开辟了新的融资渠道。

资料来源：中国出口信用保险公司网站和 2019 年度报告。

三、科技企业的金融布局

互联网科技企业发展至今，已基本形成百度、阿里巴巴、腾讯、京东（BATJ）四足鼎立的局面。本节分析“四巨头”在互联网金融领域的举措，了解 BATJ 在互联网金融场域的战略布局。

（一）智能金融：百度

智能金融，即金融结合了人工智能、大数据、云计算等核心要素，形成的金融服务和金融机构实现金融领域智能化、私人专属定制化。

2015 年，百度宣布从互联网公司全面转型为 AI 公司，金融领域成为百度

AI 发展战略上的重要方向。百度钱包作为百度金融在支付市场的发展工具，其在支付市场的重要程度与市场份额落后于支付宝和微信支付。消费金融成为百度在互联网金融领域展开竞争的重要业务方向。“百度有钱花”由此诞生，区别于蚂蚁金服及其他消费金融业务，此产品重点关注消费场景如教育信贷、家装和租房等，为百度在行业内获得了竞争优势。此外，百度在人工智能、大数据和云计算等方面的积累帮助其在金融科技领域开始发力，期望实现人工智能在金融科技领域的独特价值。例如，百度将自身拥有的人脸识别和语音识别技术应用到金融业务中的用户身份识别上，提升了识别率，降低了身份欺诈的发生。

百度除了发展自身在智能金融领域的相关技术，截至 2018 年还与超 400 家金融机构达成合作。如百度与中国农业银行在产品和用户渠道方面展开了深度合作，形成了优势互补（朱光，2017）。二者创建了金融科技联合实验室，在智能开户、智能营销、反欺诈方面进行了深入的研究。银行 2.0 时代，移动支付成为零售银行业的重要组成部分，互联网逐渐超越其他的银行渠道成为人们的首选；银行 3.0 时代，银行不再是人们去的地方，而是人们正在做的事情；银行 4.0 时代，在非银行机构的推动下，金融包容和技术应用发生巨变，金融服务入口产生了系统性变化（King，2019）。百度与农业银行的合作有助于其从银行 3.0 成功转型到银行 4.0，成为智能金融时代的领头者。未来的金融发展是内容分发、连接服务、金融创新和人工智能相结合的发展（李彦宏，2017）。

（二）信用消费：阿里巴巴

自 2013 年阿里巴巴的余额宝上线以来，互联网金融逐渐改变了大众的消费方式。阿里巴巴通过芝麻信用、支付宝、余额宝和阿里小贷确定了在互联网金融场域中的地位。

阿里巴巴关注消费金融，更关注消费金融中的信用消费部分（沈建国和沈佳坤，2018）。阿里小贷于 2010 年 6 月成立，成立之初主要针对个人创业者和小微企业的小额信贷业务。阿里巴巴借助庞大的客户资源和互联网技术，无须担保和抵押，通过借助第三方验证确认个人资信情况，并以此保证贷款用户信息的真实性。这一举措为融资困难的小微企业和个人创业者提供了新的渠道，信用消费也成为了阿里巴巴的一大特色。

信用作为道德评估的标准之一，在互联网大数据技术发达的今天已可直接被量化。蚂蚁金服也为信用创立了一套信用评估系统——“芝麻信用分”，通过分析和利用信用使更多的人可以在金融服务上获得便利。

信用是蚂蚁金服发展的核心，也是推动社会进步的力量。蚂蚁金服的芝麻信用系统可以帮助最高人民法院惩罚具有失信行为的人。截至 2017 年 1 月，芝麻信用帮助最高人民法院惩罚了 730000 个“老赖”，近 50000 人偿还了债务（King，2019）。

（三）场景共建：微信支付

2013 年拥有庞大用户量的微信 App 推出移动支付服务，加入到移动支付的行业竞争中来。消费者购买支付流程趋于简单化的同时，微信开始注意引入消费场景的建设，促进用户产生消费行为。

微信支付始于社交软件，其最大优势是拥有巨大的用户人群和较强的用户黏性，推动微信支付迅速发展。对 18~30 岁的用户进行调查发现，朋友亲戚之间需要小额转账和发放红包时，更倾向于打开微信，他们认为微信转账更加方便，转账方式更加亲密化、熟人化（张缘成，2017）。除了微信红包，微信还嵌入了便民服务、公益和第三方提供服务板块。

用户黏性强的原因在于微信“连接一切”。微信除了基本的社交功能之外，重视平台的开放性建设和所有日常交易的全面场景建设。通过与 12306、滴滴出行、美团外卖、摩拜单车等企业的合作，微信建设了丰富全面的在线场景，充分进入消费者的日常生活，为消费者提供便捷的移动支付服务。

微信移动支付正给传统银行支付带来冲击，银行端刷卡业务下降，用户对银行的黏性也随之下降。微信支付正逐步切断银行和客户之间的联系（刘生元，2018）。如何在合作与竞争的环境中做到资源互补和良性发展，是未来移动支付和传统支付的一大难题。

BATJ 在互联网金融领域的发展各具特色，表 5-3 总结了 BATJ 在互联网金融领域的主要业务与产品。不同企业对于互联网金融有着不同的布局，阿里巴巴的支付宝和芝麻信用、腾讯的微信支付、京东的京东白条体现了各自的金融服务特色。

表 5-3　BATJ 的主要金融业务与产品

业态	百度	阿里巴巴	腾讯	京东
支付	度小满支付	支付宝	微信支付、财付通	京东支付
理财、投资	有钱花、百度理财	余额宝	理财通	小金库、小白理财
云计算	百度云	阿里云	腾讯云	京东云
消费金融	有钱花	花呗、芝麻信用	京腾战略合作	京东白条
供应链金融	—	阿里小贷	—	京保贝、京小贷

资料来源：根据公开资料整理。

（四）零售金融：京东数科

随着互联网金融的发展，京东的业务范围不断扩大，核心业务包括京东商城、京东数科、O2O 服务、技术研发部门和海外事业部等。其中京东数科致力于同时向上游供应商和下游消费者提供互联网金融服务：供应链上游的企业对现金流依赖较高，有强烈的融资需求；供应链下游的消费者有赊账、分期支付、理财等需求。京东数科通过解决供应商的资金需求，同时刺激用户的消费，形成金融与零售的相互促进（朱蓉，2017）。

京东白条于 2014 年 2 月上线，是一款信用支付产品，让用户可以享受到“先消费、后付款，实时审批、随心分期”的消费体验。对于每年的新注册用户，京东白条通过了解顾客在商城的购买力水平、购买类型和按时还款程度等，利用大数据计算每位新顾客的小白信用分，使高信用分的顾客可以享受更多优惠。白条打通了京东体系内的京东到家、全球购、产品众筹，并逐步覆盖了租房、旅游、装修、教育、婚庆等领域，从赊购服务延伸到提供信用消费贷款，覆盖更多消费场景，为更多消费者提供信用消费服务。京东在关注顾客在不同行业消费的同时，也将一部分重点放在了在校大学生群体身上，校园白条为广大学生提供了30天免息和3~24期分期付款的方式。京东白条又联手各大银行共同发行白条联名卡，为无法使用信用卡的人增加了提前消费的渠道，为广大消费者提供了提前消费的便利方式。

创新聚焦 5-7

腾讯发展金融科技

腾讯金融科技的两大基础平台是QQ和微信，QQ和微信的发展伴随着腾讯的创业历程。

1984年，马化腾跟随父母从海南迁居到深圳——这个以“时间就是金钱，效率就是生命”为城市精神的中国最年轻城市。当时马化腾还是一名初二的学生，来到深圳后就被这座城市的快速发展所影响。高考时，他报考了深圳大学的计算机专业，这为马化腾日后的成功奠定了基础。

1993年马化腾从深圳大学计算机专业毕业，在润迅通信发展有限公司从事软件编程的工作。1998年马化腾和张志东成立了深圳腾讯计算机系统有限公司，陈一丹、许晨晔、曾李青等人随后加入。腾讯最开始从事网络寻呼系统业务，但无线寻呼行业已经在走下坡路。为了公司生存，腾讯开发了中文版ICQ——一款1996年由以色列Mirabilis公司推出的即时通讯软件。腾讯把开发的中文版ICQ命名为OICQ，于1999年2月正式发布，受到用户欢迎，并改名为腾讯QQ。腾讯获得IDG与盈科数码的投资，公司发展步入正轨。

2001年，“移动梦网”业务顺利展开。2002年腾讯公司实现净利润1.44亿元，2003年净利润3.22亿元。2004年6月，腾讯在香港证券交易所主板上市，股票代码为0700.HK。在此次上市中，腾讯以每股3.70港元的价格发售了4.202亿股，成为香港主板上市的第一家中国互联网企业。

2005年，腾讯公司提出“在线生活”战略，希望成为一家全方位满足用户在线生活需求的公司，5~10年后，可以像水和电一样让用户离不开腾讯。2005年9月，作为“在线生活”战略重要业务组成部分的电子商务网站拍拍网正式对外发布，希望可以挑战淘宝网和易趣网。同时腾讯推出了财付通（Tenpay），其核心业务是帮助在互联网上进行交易的双方完成支付和收款，为互联网用户和企业提供安全、便捷、专业的在线支付服务。此外，财付通、拍拍网、腾讯QQ进行了融合，当个人用户在注册财付通后，就可以在拍拍网及其他购物网站便捷消费。

2011年1月21日，腾讯推出了新的即时通信软件“微信”，这是一种在智能手机上运行的免费软件，通过网络可以与微信好友发送语音短信、视频、图片和文字，以及多人群聊。之后微信又推出“朋友圈”、视频通话和公众号等功能。微信一上线就受到了很多年轻人的喜爱。2012年3月29日，微信用户突破1亿，此时微信上线仅433天，成为迄今为止增速最快的在线通信工具。QQ在线用户数突破1亿用了近10年时间，脸书用了5年半，Twitter用了4年。2013年8月，财付通与微信打通，推出微信支付。2014年春节期间，因为一个意外的“抢红包”，帮助腾讯成为了重要的在线支付服务商。

2013年11月11日，腾讯公司成立15周年之际，马化腾提出“连接一切”和“互联网+”的新主张。2014年3月，中国银行业监督管理委员会批准5家民营银行开展试点工作，阿里巴巴和腾讯都获取牌照，腾讯以30%的股份成为深圳前海微众银行最大的股东。2014年12月12日，微众银行正式获准开业，成为中国首家互联网银行。2015年1月4日，微众银行完成互联网民营银行的第一笔放贷业务。

2014年腾讯推出了互联网理财开放平台——腾讯理财通，从一开始只有货币基金发展到拥有定期理财、保险理财、指数基金等不同风险等级的多种金融产品，连接基金、保险、证券等金融合作伙伴，一方面为微信和QQ用户提供便捷的理财服务，另一方面也为金融合作伙伴提供产品创新、快速触达年轻用户等服务。理财通不是单一的服务提供方，而是开放的平台。截至2019年，理财通总用户超过1.5亿，资金保有量8000亿元，产品数量超过1000个。

2015年9月，财付通升级为腾讯金融科技业务线（Tencent Financial Technology）。腾讯发展金融科技经历了两个阶段：一是连接用户、商户与金融机构；二是携手合作伙伴为全球用户提供移动支付、财付管理、证券投资、企业金融、民生产品等服务。目前腾讯金融科技拥有理财通平台、支付平台（微信支付、QQ钱包、财付通）、证券平台（腾讯微证券、腾讯自选股）、企业金融（财付通商企付、普惠平台）、民生服务（微信信用卡还款、腾讯手机充值）等模块。腾讯金融科技以支付为入口，形成了覆盖理财、证券、银行、区块链等多元领域的金融生态体系。

资料来源：根据公开资料整理。

四、制度创业的条件和制度变革

近年来中国电商系互联网金融突飞猛进，契合普惠金融核心理念，不断提升金融服务的覆盖率、可得性和满意度，满足人民群众日益增长的金融需求。北京作为零售企业与互联网金融服务的集中地之一，零售与金融的融合发展不仅提升了北京的互联网金融服务水平，也为研究提供了丰富的实践素材，我们选择京东数科作为案例研究对象，探讨京东数科在“互联网+零售+金融”的运营新模式中进行制度创业的条件、具体实践和制度变革三者之间的内在关系。

（一）理论框架

Strang和Sine（2002）认为有利条件（Enabling Conditions）为行动者为何能不顾制度压力成为制度创业者提供了一种解释。有利条件不仅包括行动者自身的特点，而且包括行动者所嵌入的环境特征。环境是多层次的，行动者嵌入在组织中，组织嵌入在场域中，场域则是制度分析的单元。制度创业有两个关键条件：场域特点和行动者的社会地位（Battilana 等，2009）。场域的条件特征和行动者的社会地位构成了制度创业的可能前提，是整个制度变革的开端，并且对制度创业的具体实践和推广产生影响。制度创业者发起并实施了变革，有关变革的文献显示变革者通过具体活动来支持变革项目的实施。Lewin（1947）提出的变革三阶段模型以及前人的概念模型和实证检验都强调了变革实施中三种重要的活动：创造变革愿景、动员盟友、激励行动者获得并保持愿景。本书认为制度创业的有利条件是实施变革的前提，多种变革的实施最终实现制度变革，制度变革将为下一次的制度创业提供有利条件，进而依次循环往复下去（见图 5–4）。

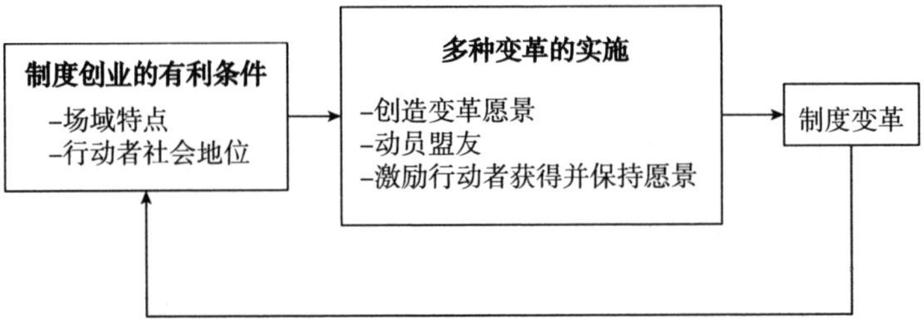

图 5–4　理论分析框架

（二）案例简介和数据收集

京东数科分布在供应链金额、消费金融、财富管理、支付、众筹、保险、证券七大板块。2012 年 11 月京东开启供应链金融服务，产品包括面向供应商的京保贝、面向第三方卖家的京小贷、面向商家法人代表的网商贷、面向电商企业的动产融资等。消费金融产品主要是京东白条和京东钢镚。京东白条于 2014 年 2 月上线，是互联网金融第一款信用支付产品。消费者先消费后付款，可享受最长

30天延期付款服务。京东钢镚来自银行信用卡、电信运营商等商户的积分兑换，可直接用于京东商城自营产品的消费。财富管理的主要产品是小金库和小白理财。小金库于2014年3月上线，是一款对接了货币基金的理财产品，实现了收益率和流动性的统一。小白理财包括天天盈、半月盈、半年盈等理财产品。支付业务依靠网银钱包进行，京东用户的购物付款、信贷消费、投资理财等都可通过网银钱包来实现。众筹主要包括京东产品众筹和私募股权融资。京东产品众筹于2014年7月上线，是目前国内最大的权益类众筹平台，聚焦智能硬件和流行文化领域。京东产品众筹已孵化出多个项目，包括小牛电动车、三个爸爸空气净化器等。京东私募股权融资平台——“东家”旨在解决创新创业企业融资难题，依法合规地帮助更多的人分享风险投资的收益。京东还推出了京东众创生态圈——“众创+”，构筑包括品牌资源库、公益创业导师团和众创学院在内的综合创业体系，为创业者提供全产业链一站式的创业服务平台。

我们使用多来源数据进行三角验证，包括文件、观察和访谈等收集京东数科的数据。首先，我们收集了该公司的公开文件，包括年报、季报、分析员报告、公司网站信息、内部杂志、书籍、文章和技术评论，目的是在公司内部和外部尽可能多地收集文件。我们还系统收集了2013年1月至2016年6月有关京东数科的媒体报道，包括《金融时报》《证券日报》《21世纪经济报道》《经济观察报》《第一财经日报》和《农村金融时报》关于京东数科的所有报道。其次，我们观察并记录了一次工作坊，了解有关京东数科的现状和发展。最后，在工作坊召开两个月之后，我们对京东数科进行了一次深入调研和观察，并且和1名高级经理进行了半结构化访谈，记录了主要内容和核心观点。

（三）案例分析

1. 京东数科制度创业的有利条件

首先是组织场域的有利条件。组织场域层面的条件，包括社会动荡、技术进步、规制改变等都可能打破社会建构的平衡，并引发新思想的出现（Child等，2007）。有时场域中的关键或突发事件也是制度创业重要的有利条件。2016年两会《政府工作报告》中指出“规范发展互联网金融，大力发展普惠金融和绿色金融”。可以看出：一方面，互联网金融发展需要进一步规范；另一方面，传统金融机构在支持小微企业等方面存在不足，需要互联网金融作为补充。电商平台开展供应链金融业务既有现实的背景，也有其自身发展的需要。一方面，小微企业有迫切的贷款需求，但传统金融机构难以满足；另一方面，京东已经积累了大量的商品流、资金流、信息流，通过供应链金融业务实现流量变现是京东数科拓宽盈利点的重要方式。财务不规范、信用等级低等是造成小微企业融资难、融资贵的主要原因。京东数科根据以往采购、销售等数据对供应商进行贷款审核，有效控制了风险。

2016 年中央一号文件中共中央、国务院《关于落实发展新理念加快农业现代化实现全面小康目标的若干意见》中首次提到了互联网金融，表示将引导互联网金融在农村规范发展，为互联网金融进入农村市场提供了政策支持。京东数科提出“3F 战略”，即工业品进农村战略、生鲜电商战略和农村金融战略，从帮助农民把农产品生产出来并卖到城市，到回笼资金后农民从城市购买工业品、农资等，也用于消费、理财和再投资，由此形成完整的农村经济产业链条。

异质性可能引起制度的不兼容，成为内部冲突的来源。矛盾的制度安排可能引发行动者的反思，并与现存制度保持距离（Seo 和 Creed，2002）。行动者越了解制度矛盾，就越不可能接受现存的制度安排，而是产生质疑并与之背道而驰。制度化程度也会对行动者是否成为制度创业者产生影响。制度化程度较低带来较高的制度不确定性，并为战略变革行动提供了机会（Phillips 等，2000）。一些制度创业的实证研究表明制度化程度较低的新兴场域具有较高程度的不确定性（Lawrence 和 Phillips，2004）。例如，当前应收账款已被广泛用作融资担保的工具，但是《中华人民共和国物权法》仅规定“以应收账款出质的，当事人应当订立书面合同，质权自信贷征信机构办理出质登记时设立”。2015 年“动产融资统一登记系统”也已启动，但是“登记系统”的运行引发了一些争议。中国人民银行征信中心仅负责系统的运行和维护，不承担对登记内容进行实质性审查的责任。因此，应收账款质押虽在征信中心网络平台上登记、公示，但其真实性难以保证，其后果则由质权人承担。登记机关不对登记进行实质审查，缺乏公信力，无法起到权利公示和保障质押交易安全的作用。京东数科虽然根据长期经营中积累的大量供应链管理数据评估小微企业，但是在应收账款质押合法性和真实性方面仍然存在识别和界定困难。不完善的制度安排，必然引起相应企业的质疑和风险承担，由此也推动了制度创业者对完善制度的迫切需求。

其次是行动者的社会地位。场域层面的因素是行动者行动的外生条件，在制度创业中扮演重要角色，但是所有嵌入在相同场域中的行动者并不是都能成为制度创业者（Battilana 等，2009）。面对制度创业的有利场域条件，只有一部分行动者成为制度创业者，因此行动者的具体特征，特别是行动者在组织场域中占据的社会地位成为本书考虑的重要变量。

行动者（包括个体和组织）的社会地位至关重要，影响行动者在制度创业中的资源获取（Lawrence，1999）。虽然行动者的社会地位是制度创业的重要条件，但是一些研究发现地位低的组织，或是在场域边缘的组织，更可能发起多种变革（Garud 等，2002），另一些研究发现变革是由地位高的组织或是位于场域中心的组织发起的（Greenwood 和 Suddaby，2006）。还有研究认为究竟是场域边缘，还是场域中心的行动者更可能发起多种变革取决于场域的异质性和制度化程度（王江等，2010）。在互联网金融这一新兴场域中，百度、阿里巴巴、腾讯、京东等纷纷布局互联网金融，竞争加剧，然而京东数科具有天然的消费场景，如京东白条已布局租房、购物、旅行等场景，提高了用户使用互联网金融的活跃度。

行动者跨场域的社会地位也影响制度创业的可能性，Rao 等（2000）发现交叉场域更容易产生制度创业者。京东数科正是交叉场域的行动者，创造了“互联网+零售+金融”的新模式，形成了以金融为依托、以电商为生态的新框架，通过诸如京东“6·18”大促销等活动实现金融与电商的融合发展。

2. 变革实施

实施多种变革通常通过三类活动进行，虽然在不同文献中这些活动被贴上不同标签，但是总体而言这三类活动分别对应创造变革愿景、动员盟友以及激励盟友获得并保持愿景（Child 等，2007）。实施变革意味着打破现存制度，因此充满挑战：第一，制度创业者需要预见多种变革，动员盟友支持其实施；第二，受益于现状的制度捍卫者必然守护现有信仰和实践。

首先，创造多种变革的愿景。面对制度压力，制度创业者必须创造吸引行动者实施多种变革的愿景，去打破场域中理所当然的实践活动。行动愿景就是措施实施的计划、可能出现的结果、涉及的层面等，具体包括实施该措施可能解决的问题，现有计划中的首选项即首要目标、首要任务是什么以及制定这些措施的原因（Rao 等，2000）。这些原因要合情合理，这样才会有说服力。因此，创造多种变革的愿景时需要考虑三个维度：第一，愿景有助于解决某个问题；第二，优于现存的制度安排；第三，有说服力的理由（Rao 等，2000），即愿景需要能够诊断问题、预测更优制度以及提供合理动机。京东数科以利用金融科技构建开放生态为愿景，为传统金融机构赋能，提高其效率，降低其成本。这是“金融+互联网”的模式，金融是核心，科技是手段。不仅为大型金融机构服务，而且为小型的、偏远的金融机构提供菜单式基础服务。利用金融科技构建开放生态有助于解决中国普惠金融供给不足的问题，成为现有金融体系的有益补充，并帮助金融行业提升效率。

其次，动员盟友。制度创业研究关注制度创业者如何发起和进行与实施变革相关的动员活动。由于在没有支持的情况下，多种变革几乎不可能成功，因此创业者必须动员盟友（Greenwood 等，2002），并与盟友合作。动员盟友的途径包括：话语策略、调动资源、运用权力和社会资本。

实施变革不仅需要话语策略，还需要运用多种资源，包括财务资源、权力、社会资本等。财务资源通常用于制度创业的早期阶段。运用权力则帮助制度创业者为多种思想、故事、话语等获得合法性。社会资本不仅发起，而且推动变革，因为社会资本有助于制度创业者动员支持变革的盟友。社会资本与非正式网络相关，个体或组织在社会关系中的地位为获得信息和政治支持提供了条件，有利于调动利益相关者的支持行动，在不同组织中扮演代表其共同利益的中介角色。表 5-4 详细列出了京东数科动员盟友的四种策略和具体方式。京东数科作为制度创业者：①通过表达变革愿景的话语策略或修辞策略，例如，京东数科与家财网联合发布倡议书，将单个事件赋予普遍意义；②基于制度逻辑建构话语，与盟友的价值和利益产生共鸣，例如，京东数科与趣分期、链家、腾讯、王府井百货等企业的合作；③采用类推法使变革愿景获得合法性，发挥社会资本的最大效用，例如，京东数科与商业银行、中国邮政的合作。

表 5-4　京东数科动员盟友的策略和行动

盟友	策略	动员盟友的具体做法
家财网	话语策略	联合发布了《金融消费者权益保护倡议书》，包括“以客户为中心，保证金融消费者的合法权益不受损害”“强化风险提示与信息披露”“明码标价、公开透明”“履行客户信息保密义务”“有效处理消费者投诉”“引导金融消费者科学规划”“理性投资”“开展职业操守教育和业务技能培训”八项内容
中信银行、光大银行	运用权力	推出白条联名信用卡，借助银行的授信权力，推动白条业务
中国邮政速递	调动资源，社会资本	开展针对电商企业的动态质押贷款产品“云仓京融”，即电商客户将货物质押给京东数科，向京东数科申请融资，邮政仓储则负责货物的存储与监管
趣分期、链家、腾讯、王府井百货	调动资源	成为趣分期的股东，共同推广校园白条；与链家合作推出租房白条；腾讯战略入股京东，京东享有微信入口；王府井百货全面接入京东数科旗下信用支付产品

最后，激励行动者获得并保持愿景。制度创业者通过创造新场域、吸引场域成员、使场域获得合法性等成为社会潮流的引导者，激励场域中其他成员保持愿景。与社会运动领导者的相似之处在于制度创业者通过引发潜在伙伴的社会认同

来获得新兴场域中的支持力量。新兴场域有利于制度创业者使用修辞策略等探索新领域。制度创业者在制定、实施具体措施时，既需要明确整个行动的愿景和目标，同时也需要认识到团队的重要作用。此时，一定的人际沟通技巧以及社会资源的合理利用便显得尤为重要，同时明确实施计划的主导人物、竞争对手以及计划的利益相关者对提升团队的工作效率有重要影响。

京东数科在零售和金融交叉场域的发展不仅吸引了国有企业、民营企业、上市公司等参与，而且获得了小微企业、城市和农村的消费者等多方面的支持。京东众创生态圈为创业创新者提供全产业链一站式服务，受到众多创业者的欢迎。

3. 制度变革

制度变革是整个制度创业的结果。通过创业机制的可能性前提，可以明确创业的领域特征以及创业者的社会地位对创业机制产生的影响。在实践推广的过程中，行动愿景、盟友的融合程度也会参与其中，对创业变革的结果产生影响。制度变革就是创业前提与实践措施的最终结果，对公司创业的最终结果具有修正和改进作用，同时对下一次创业的可能前提又会产生影响。那么下一次的创业行为与这一次的创业行为相比，二者的基础将会有一定差异，整体呈现螺旋式上升的趋势（见图 5-5）。

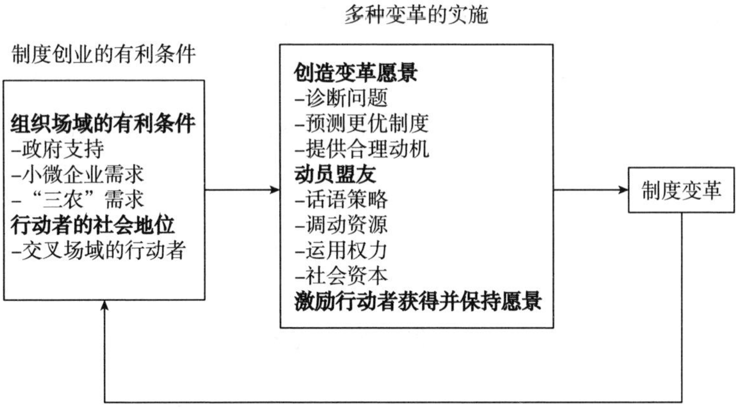

图 5-5　制度创业的过程模型

第六章　互联网金融风险与监管

随着互联网技术的发展，互联网金融兴起，金融业务及金融模式发生了巨大变化。互联网金融作为转型经济体的新兴场域，包括互联网科技企业、传统金融机构、互联网金融公司、监管机构、金融消费者等多个行动者共同促成了中国互联网金融场域走向成熟。如何促进互联网金融健康发展，确保金融体系稳定，是各国监管者最关注的问题。

互联网技术无疑有助于金融业的发展，其展现出的影响力对整个金融行业具有变革作用，也具有潜在的破坏性，因此大多数国家都要求互联网金融创新必须遵循现有金融监管的基本原则。面对日新月异的技术进步，互联网金融仍然存在较多的风险问题和安全隐患，中国政府也在积极调整监管措施，以保证互联网金融健康快速发展。本章主要分析互联网金融的潜在风险、世界主要国家的监管模式以及我国对互联网金融行业制定的原则与规范，研究在互联网金融的不同业态下，我国采用的具体监管措施和结果。

一、互联网金融风险

互联网与金融的结合为企业发展和人们生活带来了极大的便利，但是互联网金融的风险也随之而来。建立完善健全的互联网金融监管机制的首要前提是分析互联网金融的风险成因和来源，这样监管机构才能改进和完善相关监管原则与行业规范。

（一）互联网金融风险的成因及来源

互联网金融风险的成因及具体来源可以从宏观、中观和微观三个层面来进行分析（张存萍，2019）：宏观层面主要分析国家的监管政策和监管力度，中观层面从互联网金融行业入手分析行业特点，微观层面主要是从消费者个人视角进行风险预测和风险成因的判断。

互联网金融是社会需求的产物。从 20 世纪 90 年代开始，我国的互联网产生、发展，并与金融逐渐结合。那时我国对于互联网金融的管控较少，互联网金融行业的发展也较少有相关政策支持。2013 年前后互联网金融发展迅速，伴随着宽松的监管政策，互联网金融开始暴露出多种问题和风险。2014 年 3 月，李克强总理在《政府工作报告》中提出促进互联网金融健康发展，完善金融监管协调机制，守住不发生系统性和区域性金融风险的底线。2017 年以来多项监管条例出台，包括《网络借贷信息中介机构业务活动信息披露指引》《关于进一步加强校园贷规范管理工作的通知》《关于印发小额贷款公司网络小额贷款业务风险专项整治实施方案的通知》等，我国的互联网金融逐步走向规范化。

总的来看，在宏观层面上，互联网金融风险是由国家鼓励金融创新、监管滞后带来的。我国期望通过互联网金融促进小微企业发展、提高人们生活便利，逐步形成互联网金融生态体系，以补充传统金融供给不足，让更多的组织和个体获得所需的金融服务和产品。

在中观层面上，互联网金融的风险与金融行业本身息息相关。互联网技术的虚拟性和金融风险是一直存在的，二者结合后，互联网金融必然存在互联网和金融二者本身的特点。

在微观层面上，消费者自身也是互联网金融风险的产生因素之一。首先，消费者对于互联网金融产品缺乏了解，且有从众心理。消费者对于相关的互联网金融的基本架构和资本市场了解甚少，对于互联网金融服务如网络借贷、众筹等的风险没有足够的评估和认识，最终导致投资和理财失败。其次，周围人群的互联网金融消费行为会使消费者产生消费冲动，面对金融市场的变化，不能直观准确地做出判断，容易产生互联网金融风险。

（二）互联网金融风险类型

互联网金融风险包括法律风险、系统性风险、技术操作风险、流动性风险等。

1. 法律风险

我国互联网金融的发展时间不长，行业监管规范正在完善过程中。互联网金融需要严格遵守我国的行业监管和法律法规，互联网金融企业必须严格按照法律原则和规范发展业务，杜绝不正当交易的发生。洗钱、套利、平台自建资金池等行为是不合规的，会导致严重的后果。一些不法分子利用互联网的虚拟性在网络平台进行高利贷和非法集资等违法犯罪活动。例如，网络借贷网站“网金宝”于 2014 年 2 月上线，但 2014 年 6 月“网金宝”跑路，网站无法打开，客服无人接通。投资人受损资金超过 500 万元，200 多位投资者组团维权。

2. 系统性风险

互联网金融系统性风险通常因为外部宏观环境的冲击，或者互联网金融系统的内部脆弱性而引发，具有传染性、潜伏性，能够引发大范围金融不稳定。系统性风险更具有交叉传染性，且可控性更差，在互联网金融跨业经营和产品创新的背景下，多种业务、多种主体的关联更紧密，进一步放大了风险的交叉性（苏玉峰，2017）。

基于互联网技术的各金融服务平台的资金份额巨大，在缺乏管控的情况下，所有平台共同组成的互联网金融体系具有潜在的系统性风险。金融依托于互联网技术之上，各平台的资金总量随着行业的发展不断上升，如果平台无法应对规模较大的资金变动所带来的冲击，就会面临被挤兑的风险，进而对整个互联网金融体系带来不利的影响，导致系统性风险的发生。

3. 技术操作风险

操作性风险主要是互联网金融平台进行交易时可能存在的人为风险和技术风险。前者主要是人员在工作中产生的操作性失误。后者包括交易设备的硬件风险和交易平台的软件风险，硬件和软件出现问题都会造成平台的支付及其他交易过程发生问题，这也是互联网金融平台需要重视的问题。例如，2013 年 8 月 16 日光大证券乌龙指事件，由于订单生成系统存在的缺陷，导致瞬间生成 26082 笔预期外的市价委托订单，造成投资者损失并立案调查①。

4. 流动性风险

互联网金融改变了传统的交易方式，资金的流动速度和流动方向是需要密切关注的要素。互联网金融企业在面对临时性大额资金外流或短期负债等情况时，由于没有准备法定存款准备金或缺乏完善的存款保险制度，容易形成流动性风险（安强身等，2017）。

二、互联网金融监管原则

金融实质监管原则是指金融监管机构以金融服务业务的实质内容为依据来判断监管对象、监管范围并采取相应的监管措施，即以实际构成的法律关系确定其效力和权利义务，而非金融服务业务的表面形式或其所依附的名称和运营模式（邢坤，2019）。互联网金融监管的原则大致分为以下几个方面内容：

（一）弹性动态监管

监管要做到适度，对于互联网金融业务的风险具有一定的容忍度。互联网金融的监管，需要考虑适度监管的原则，一方面保持创新和发展活力，另一方面要

① 参见 https：//baike. baidu. com/item/8・16 光大证券乌龙指事件/9509216？fr=aladdin。

重视风险管理，警惕风险事件（魏鹏，2014）。《中国金融稳定报告（2020）》指出我国P2P网络借贷等互联网金融风险得到根本性整治，互联网资产管理、股权众筹、互联网保险、虚拟货币交易、互联网外汇交易等领域整治工作已基本完成，严厉打击非法集资等非法金融活动，一些积累多年、久拖未决的非法集资风险得到化解。

由于前期相对宽松的监管政策，我国互联网金融得以快速发展，在接受互联网金融发展所带来的优势的同时，控制好互联网金融产生的风险是监管部门的职责。每一项互联网创新业务的开展都具有一定的优势和弊端，监管应在其发展期配合其发展，做到适度监管，在其衰退期果断放弃该业务。

（二）原则结合规则

监管原则强调引导互联网金融行业正确发展，从而实现监管的目标。互联网金融监管的五个原则包括：必要性、一般性、特殊性、一致性、差异性（魏鹏，2014）。监管规则是在原则下制定出的详细监管政策，是互联网金融行业的具体行动规范。互联网金融监管需要从维护金融稳定、保护消费者权益出发，明晰监管框架、原则、目标以及具体措施等内容。原则性监管与规则性监管各有利弊，在对互联网金融监管中，应注重监管原则与监管规则的协调和结合。

（三）数据监管

大数据及数据变化是监管的重点，也是互联网主要的问题所在。互联网金融平台上用户多、密度大，资金流动速度快，当平台举行节日促销活动如“双11”时，监管部门需要进行实时的全面数据监管，防止因巨大流量造成的互联网崩盘或公众遭受巨大利益损失，以便及时止损。

（四）实时反馈

互联网金融飞速发展的同时，金融犯罪的现象也屡见不鲜。有些金融平台试图利用监管漏洞进行非法集资和其他违法行为，挑战法律的底线。监管部门推动地方互联网金融等涉众型金融风险整治，重点打击违法犯罪企业，实时监管、实时反馈，推动互联网金融行业健康有序的发展。

（五）提高消费安全意识

公民的消费安全意识也是互联网金融监管服务的关注点之一。公民对互联网金融产品首先需要做到一定的了解，理智投资和理财。提高公民的消费安全意识会减少上当受骗的发生，是互联网金融服务顺利开展的关键之一。

延伸阅读 6-1

规范大学生互联网消费贷监管

2021 年 3 月，中国银保监会办公厅、中央网信办秘书局、教育部办公厅、公安部办公厅、人民银行办公厅联合印发了《关于进一步规范大学生互联网消费贷款监督管理工作的通知》（以下简称《通知》），进一步规范大学生互联网消费贷款监督管理，切实维护大学生合法权益。

《通知》从四个方面进一步规范大学生互联网消费贷款监督管理工作。一是加强放贷机构大学生互联网消费贷款业务监督管理。明确小额贷款公司不得向大学生发放互联网消费贷款，进一步加强消费金融公司、商业银行等持牌金融机构大学生互联网消费贷款业务风险管理要求，明确未经监管部门批准设立的机构不得为大学生提供信贷服务。同时，组织各地部署开展大学生互联网消费贷款业务监督检查和排查整改工作。二是加大对大学生的教育、引导和帮扶力度，营造良好校园环境。从提高大学生金融安全防范意识、完善帮扶救助工作机制、全面引导树立正确消费观念、建立日常监测机制等方面要求各高校切实担负起学生管理的主体责任。三是强化网络舆情检测，合理引导舆情。各地网信部门需配合地方政府、高校等部门，做好规范大学生互联网消费贷款监督管理政策网上解读和舆论引导工作。四是加大大学生互联网消费贷款业务中违法犯罪问题查处力度。

资料来源：中华人民共和国教育部，http：//www. moe. gov. cn/jyb_ xwfb/s5147/202103/t20210319_520961. html.

三、世界主要国家的互联网金融监管

（一）限制性监管

限制性监管的代表国家是美国。美国采用功能性限制监管，将互联网金融涉及的金融业务按照其功能纳入现有的金融监管体系。例如，美国 P2P 网络借贷行业的代表 Lending Club 公司的业务涉及资产证券化，其相关业务由美国证券交易监督委员会（U. S. Securities and Exchange Commission，SEC）监管。2012 年美国政府发布了《创业企业融资法案》（Jumpstart Our Business Startups，JOBS 法案），形成了股权众筹的监管原则。该法案从业务准入、行业自律、资金转移、风险揭示、预防诈骗、消费者保护等方面对融资平台进行约束（魏鹏，2014）。2015 年 10 月，SEC 正式通过了股权众筹规则（Regulation Crowdfunding），至此 SEC 完成了 JOBS 法案的主要规则制定，确立了股权众筹中小额发行豁免制度。

（二）主动型监管和被动型监管

主动型监管的代表国家是英国。行业自律是由同一行业的组织和人员，为保护和增进共同的利益，在自愿的基础上依法组织起来，共同制定规则，以此约束自身行为和实现行业内部自我管理。英国互联网金融的规模和发展速度相对较慢，但行业自律性较强。例如，英国 P2P 金融协会于 2011 年 8 月 5 日成立，并在 2012 年 6 月正式出台了“P2P 融资平台操作指引”，提出了 P2P 融资协会成员应满足的 9 条基本原则。业务准入方面，虽然在英国设立网贷公司需要提出申请并获得信贷牌照，但是并没有设置对最低资本金规模的限制。同时，法律规定了严格的信息披露制度，对程序的合规性进行管理。发展中国家多采用被动型监管，中国金融监管部门对互联网金融实行“先发展，后规范”的策略。

延伸阅读 6-2

众筹金融域外立法

美国 JOBS 法案和美国 SEC《众筹条例》是为助推小微初创企业发展而设立的，其主要监管理念体现出可使小企业实现融资能力的功能性监管，主要立法监管规则和措施表现包括：①项目发行人须在 SEC 处进行备案，其向证券交易委员会、投资者及中介机构承担法定信息披露义务，以目标融资规模大小确定。②应以区别于广告内容的方式在互联网中介平台进行发行，禁止促销者不向投资人披露其从发行人处获得补偿的促销发行。③为降低证券发行欺诈风险，设定了“合格投资者”投资总额限制标准，即引入结构性保护机制对投资者进行分级保护。④中介机构从事众筹业务，须经 SEC 审核注册为具备“经纪自营”或“集资门户”的商主体资格，并要保证履行“投资者一年内在发行人处众筹总额不超过规定限额”的义务。虽该限额与单个投资者在单个众筹平台投资限额相同，但在实践中，众筹机构通过投资者自由申报或融资记录核查投资总额上限，事实上难以确保该义务的完全履行。⑤中介机构不能持有投资者的资金或者证券，不能提供投资建议，不能劝诱或通过他人劝诱购买所提供众筹证券等。⑥当众筹发行未达到目标金额时，中介机构应竭力履行中止投资以及为投资者收回本金的义务，并负有所收集投资者信息的隐私保护等相关义务。

英国 2000 年修订的《金融服务与市场法》作出规定，由金融服务管理局（FSA）负责监管各项金融服务，并将股权众筹划归为“非上市证券”，使其在公募股权融资监管体系下实现合法化，同时规定筹资者可通过众筹平台向“合格投资者”进行融资。其后颁布的《2010 年金融服务法》则把维护金融稳定作为 FSA 具体目标，设立金融消费者金融教育机构，完善金融服务补偿计划，并规定金融机构不可为消费者提供超出其经济能力的负债融资行为。上述两次修订《金融服务与市场法》主要设定了以下规则：建立众筹机构须提供相关融资咨询服务；适格获批的众筹机构应健全并实施消费者赔偿计划；FSA 同时对众筹项目和投资人合格标准也作出严格限制等。直到 2013 年 4 月，在金融监管体系调整中，英国金融服务管理局监管职责仅为监管金融服务公司，其他职能遂由金融行为监管局（FCA）、审慎监管局（PRA）共同取代。从众筹监管立法来看，则以 FCA 颁行《关于网络众筹和通过其他方式发行不易变现证券的监管规则》为体现。

意大利众筹监管规则具有鲜明的代表性。2012 年通过发布专项报告承认初创企业众筹融资的合法性，确认众筹平台的法律性质以及融资体系定位。当年年末颁布的《第 221/2012 号成长法案》规定：创新型初创企业经意大利证券交易委员会（CONSOB）注册取得“门户”资格后，可参与股权众筹平台在线融资，实质上是将股权众筹合法化并纳入监管体系；2012 年 6 月意大利 CONSOB 颁布了《网络门户筹集风险资本规定条例》，此条例把创新型初创企业界定为“股权众筹发起人”，允许其在意大利 CONSOB 注册后上线融资，并对众筹平台注册标准、服务范围、注册条件以及投资人和投资条件等均作出严格规定，同时规定了“门户经理”（Manager）在融资经营业务中所承担的相应义务。相较而言，意大利众筹规则对“在线融资方式适用的谨慎性”，体现出通过最直接方式筹集市场资金以激励初创企业发展的理念。

资料来源：石光乾，寇娅雯．众筹金融域外立法经验及其监管启示——基于新金融业态视角［J］．广西社会科学，2014（4）：87-94.

（三）中国的互联网金融监管

金融监管也被称为金融监管治理，一个稳固的金融体制是由金融机构的财务情况、治理等级、金融市场基础设施建设的有效性等综合因素共同决定的（陶梓锋，2015）。1948 年 12 月，中国人民银行在河北成立。1986 年，《中华人民共和国银行管理暂行条例》明确了人民银行作为中央银行和金融监管当局的职责。人民银行自此开始行使中央银行的职能，同时也负责监管包括银行、证券、保险、信托在内的整个中国金融业，此时的中国金融业处于混业监管中。中国证券监督管理委员会、中国保险监督管理委员会、中国银行业监督管理委员会分别于 1992 年、1998 年、2003 年成立，形成我国“一行三会”的分业监管的金融监管体系。2017 年，国务院金融稳定发展委员会成立，2018 年 3 月国务院发布金融监管改革方案，中国银行业监督管理委员会和中国保险监督管理委员会合并为银保监会，“一委一行两会”的新格局就此形成。表 6-1 梳理了中国互联网金融分业监管的情况。

表 6-1　互联网金融分业监管情况

监管部门	互联网金融业务
中国人民银行	互联网支付
中国证券监督管理委员会	股权众筹融资、互联网基金销售
中国银行保险监督管理委员会	互联网保险、网络借贷、互联网信托、互联网消费金融

1. 中国人民银行

中国人民银行的监管职责大致分为两个部分：一是制定控制金融风险、维护金融稳定的货币政策；二是监测管辖范围内的金融市场运行状况，保证金融机构良好发展的同时对货币政策进行宏观调控（王辉，2017）。

与此同时，《中华人民共和国中国人民银行法》授权国务院，允许其建立金融监督管理协调机制，协调“一行两会”在监管方面的一致性。该法规定中国有权对金融机构以及其他单位和个人的下列行为进行监督检查，包括存款准备金管理、特种贷款、人民币管理、银行间拆借市场、银行间债券市场、外汇管理、黄金管理、代理经理国库行为、清算管理和反洗钱管理（王辉，2017）。

作为统一负责企业和个人征信系统（又称企业和个人信用信息基础数据库）的建设、运行和管理的单位，中国人民银行征信中心针对互联网金融信用风险问题提出解决方案和办法，规范互联网金融征信行为，构建征信体系，建立并共享信用信息数据库，保护公民的合法权益。

我国对第三方支付的监管主要依据“两个参考、一个办法、一个细则”。“两个参考”是指参考《中华人民共和国电子签名法》（2005 年 4 月 1 日起施行）和《电子支付指引（第一号）》（2005 年 10 月 26 日起施行），前者从法律层面规范了电子支付中的电子签名效力问题，后者的规范主体主要是商业银行和接受电子支付的客户，而非从事网上支付的非银行机构。“一个办法”是指《非金融机构支付服务管理办法》（中国人民银行令〔2010〕第 2 号），“一个细则”是指《非金融机构支付服务管理办法实施细则》（中国人民银行公告〔2010〕第 17 号），上述两个文件明确了人民银行的监管主体地位，建立了第三方支付机构的市场准入制度，在风险管理、内控制度、支付业务的收费项目等方面做出了监管规定。《非金融机构支付服务管理办法》规定了第三方支付的运营企业需获得人民银行的批准，未经批准，任何非金融机构和个人不得从事第三方支付业务。

在第三方支付中，由于延时交付、延期清算，第三方支付平台的账户中通常会暂存大量的客户资金，存在被挪用的隐患。2017 年 1 月，中国人民银行发布《关于实施支付机构客户备付金集中存管有关事项的通知》，明确了第三方支付机构在交易过程中产生的客户备付金，统一交存至指定账户，由中国人民银行监管，支付机构不得挪用、占用客户备付金。

延伸阅读 6-3

数字货币

比特币等加密货币采用区块链和加密技术，宣称“去中心化”“完全匿名”，但缺乏价值支撑、价格波动剧烈、交易效率低下、能源消耗巨大等限制导致其难以在日常经济活动中发挥货币职能。同时，加密货币多被用于投机，存在威胁金融安全和社会稳定的潜在风险，并成为洗钱等非法经济活动的支付工具。针对加密货币价格波动较大的缺陷，一些商业机构推出所谓的“稳定币”，试图通过与主权货币或相关资产锚定来维持币值稳定。有的商业机构计划推出全球性稳定币，将给国际货币体系、支付清算体系、货币政策、跨境资本流动管理等带来诸多风险和挑战。

国际清算银行最新调查报告显示，全球65个国家或经济体的中央银行中约有86%已开展数字货币研究，正在进行实验或概念验证的中央银行从2019年的42%增加到2020年的60%。美国、英国、法国、加拿大、瑞典、日本、俄罗斯、韩国、新加坡等国中央银行及欧洲中央银行近年来以各种形式公布了关于央行数字货币的考虑及计划，有的已开始甚至完成了初步测试。

数字人民币是人民银行发行的数字形式的法定货币，是一种零售型央行数字货币，主要用于满足国内零售支付需求。中国研发数字人民币体系，旨在创建一种以满足数字经济条件下公众现金需求为目的、数字形式的新型人民币，配以支持零售支付领域可靠稳健、快速高效、持续创新、开放竞争的金融基础设施，支撑中国数字经济发展，提升普惠金融发展水平，提高货币及支付体系运行效率。

资料来源：中国数字人民币的研发进展白皮书，http：//www.pbc.gov.cn/goutongjiaoliu/113456/113469/4293590/index.html。

2. 中国银行保险监督管理委员会

1998年，保监会成立，主要监督落实和管理全国保险市场，维护保险市场的合法稳步发展。2003年，银监会成立，对国内商业银行的监管职能从人民银行中剥离出来，由银监会负责。同年颁布了《中华人民共和国银行业监督管理法》，表明我国正式确立了“分业经营、分业监管”的监管体系。2018年3月，第十三届全国人民代表大会第一次会议表决通过了将中国银行业监督管理委员会（银监会）与中国保险监督管理委员会（保监会）职责整合的决议，组建中国银行保险监督管理委员会，银保监会作为国务院直属事业单位正式成立，同时标志着我国金融监管体制由“一行三会”转为“一行两会”的新格局。

从实质上来看，银监会、保监会合并后，会对银行业和保险业的业务合作及资金对接提出更为可行的计划（赵畅，2019）。当前银行已基本成为保险产品的主要销售渠道，银行与保险之间的业务和产品之间的交易流转会随着银保监会的合并得到更好的转化，监管真空及监管不到位的障碍得以基本解决，金融隐患也得以减少。

在互联网金融监管方面，银保监会主要涉及网络借贷、互联网保险、互联网信托以及互联网消费金融等项目。在网络借贷方面，包括 P2P 网络借贷和网络小额贷款，监管平台明确信息中介性质，只提供平台服务，不提供增信服务，不得非法集资。在互联网保险方面，监管保险公司遵循安全、保密以及稳定的原则，确保交易、资金以及信息的安全。在互联网信托和互联网消费金融方面，制定完善产品文件签署制度，加强风险管理，确保交易合法合规，并保守客户信息（丁振辉，2015）。表 6-2 梳理了网络借贷的部分重要监管政策。

表 6-2　我国网络借贷的部分监管政策

时间	监管部门	政策名称	政策关注点
2015 年 7 月	中国人民银行、工业和信息化部等十部委	《关于促进互联网金融健康发展的指导意见》	明确业务边界
2016 年 8 月	银监会、工业和信息化部、公安部、国家互联网信息办公室	《网贷信息中介机构业务活动管理暂行办法》	明确网贷信息中介机构不得从事的 13 种活动
2016 年 10 月	银监会、工业和信息化部、工商总局办公厅	《网络借贷信息中介机构备案登记管理指引》	平台备案登记
2017 年 8 月	银监会	《网络借贷信息中介机构业务活动信息披露指引》	规定平台需披露的信息
2018 年 8 月	P2P 网络借贷风险专项整治工作领导小组办公室	《开展 P2P 网络借贷机构合规检查工作的通知》	启动自律检查工作

续表

时间	监管部门	政策名称	政策关注点
2019 年 1 月	互联网金融风险专项整治工作领导小组办公室、P2P 网络借贷风险专项整治工作领导小组办公室	《关于做好网贷机构分类处置和风险防范工作的意见》	推动平台退出
2019 年 11 月	P2P 网络借贷风险专项整治工作领导小组办公室	《关于网络借贷信息中介机构转型为小额贷款公司试点的指导意见》	平台转为小贷公司

我国对互联网保险监管的主要依据是《互联网保险业务监管暂行办法》（2015 年 10 月 1 日起施行）和《互联网保险业务监管办法》（2021 年 2 月 1 日起施行）。《互联网保险业务监管暂行办法》明确了互联网保险业务、保险机构、自营网络平台、第三方网络平台等概念，规定了保险机构、第三方网络平台的禁止性行为及退出管理要求，适用对象为保险机构和第三方网络平台。《互联网保险业务监管办法》共 5 章 83 条，厘清了互联网保险业务本质，规定互联网保险业务经营要求，强化持牌经营原则，全流程规范互联网保险售后服务，改善消费体验。

延伸阅读 6-4

规范商业银行互联网贷款业务

2021 年 2 月，银保监会办公厅印发了《关于进一步规范商业银行互联网贷款业务的通知》。通知从落实风险控制要求、加强出资比例管理、强化合作机构集中度管理、实施总量控制和限额管理、严控跨地域经营等方面提出了要求。通知要求商业银行强化风险控制主体责任，独立开展互联网贷款风险管理；严格落实出资比例区间管理，单笔贷款中合作方出资比例不得低于 30%；商业银行与合作机构共同出资发放互联网贷款的，与单一合作方（含其关联方）发放的本行贷款余额不得超过本行一级资本净额的25%；商业银行与全部合作机构共同出资发放的互联网贷款余额不得超过本行全部贷款余额的50%；地方法人银行开展互联网贷款业务的，应服务于当地客户，不得跨注册地辖区开展互联网贷款业务。

资料来源：中国银保监会办公厅关于进一步规范商业银行互联网贷款业务的通知，http：//www.cbirc.gov.cn/cn/view/pages/govermentDetail.html？docId=967445&itemId=861&generaltype=1。

3. 中国证券监督管理委员会

证监会于1992年成立，旨在通过集权管理模式监督管理中国的证券市场。证券市场试图通过资本流动促进全社会范围内的资源优化配置，通过直接融资降低交易费用。证券监管旨在保护投资者的利益，保护市场公平、高效、透明，降低系统风险。

从长远来看，金融企业的稳健发展不仅需要监管机构的管理作用，其自身内部结构、社会中介和公众个人之间也需要维持一种和谐稳定的关系，金融业才能得以高效合法地发展。

在股权众筹融资以及互联网基金销售的项目上，证监会扮演着重要的监管角色。监管其行为主体通过正当的中介机构向投资者或客户披露企业信息以及风险信息，不得误导、欺诈等。切实监管相关风险问题，确保互联网金融稳定有序发展。表6-3梳理了我国股权众筹的部分重要监管政策。

表6-3　我国股权众筹的部分重要监管政策

时间	监管部门	政策名称	政策关注点
2014年12月	中国证券业协会	《私募股权众筹融资管理办法（试行）（征求意见稿）》	明确股权众筹定位
2015年7月	中国人民银行、工业和信息化部等十部委	《关于促进互联网金融健康发展的指导意见》	明确业务边界
2016年4月	证监会、中国共产党中央委员会宣传部等15部门	《股权众筹风险专项整治工作实施方案》	规范互联网股权融资行为

续表

时间	监管部门	政策名称	政策关注点
2019 年 12 月	第十三届全国人民代表大会常务委员会	《中华人民共和国证券法》（2020 年 3 月 1 日起施行）	规定信息披露义务

延伸阅读 6–5

加强对平台企业金融业务的监管

为深入贯彻落实党的十九届五中全会、中央经济工作会议及中央财经委员会第九次会议精神，进一步加强对网络平台企业从事金融业务的监管，强化反垄断和防止资本无序扩张，推动平台经济规范健康持续发展，2021 年 4 月，中国人民银行、银保监会、证监会、中国外汇管理局等金融管理部门（以下简称金融管理部门）联合对部分从事金融业务的网络平台企业进行监管约谈。

近年来，网络平台企业在提升金融服务效率和金融普惠性、降低交易成本方面发挥了重要作用，但同时也普遍存在无牌或超许可范围从事金融业务、公司治理机制不健全、监管套利、不公平竞争、损害消费者合法权益等严重违规问题。

金融管理部门针对当前网络平台企业从事金融业务中普遍存在的突出问题提出了整改要求。一是坚持金融活动全部纳入金融监管，金融业务必须持牌经营。二是支付回归本源，断开支付工具和其他金融产品的不当连接，严控非银行支付账户向对公领域扩张，提高交易透明度，纠正不正当竞争行为。三是打破信息垄断，严格通过持牌征信机构依法合规开展个人征信业务。四是加强对股东资质、股权结构、资本、风险隔离、关联交易等关键环节的规范管理，符合条件的企业要依法申请设立金融控股公司。五是严格落实审慎监管要求，完善公司治理，落实投资入股银行保险机构“两参一控”要求，合规审慎开展互联网存贷款和互联网保险业务，防范网络互助业务风险。六是规范企业发行交易资产证券化产品以及赴境外上市行为。禁止证券基金机构高管和从业人员交叉任职，保障机构经营独立性。七是强化金融消费者保护机制，规范个人信息采集使用、营销宣传行为和格式文本合同，加强监督并规范与第三方机构的金融业务合作等。

资料来源：https：//www. safe. gov. cn/safe/2021/0429/18865. html.

第七章　创业生态系统

制度影响创业，缺少相对稳定的制度会使创业更加困难。从改善法治到鼓励企业家，从保障创新者和知识产权到灵活配置资源、创新组合方式（Acemoglu和Robinson，2012），制度都发挥着重要作用。

从经济角度来看，创业活动依赖资源整合以及为早期活动提供资金的净收益，在企业家追求利润增长的过程中，制度会影响其寻找、合并和适应异质资源的交易成本，并保护其产权（Sun等，2020）。此外，具有包容性和生产性的制度会降低寻找合作伙伴的交易成本（Acemoglu和Robinson，2012）。证据表明，无论是正式的还是非正式的制度，对创业都有一定的积极影响（Acemoglu和Robinson，2012）。制度如何通过节约成本和其他机制来缓和并积极影响创业精神（Ács和Storey，2004），我们需要进一步研究。

一、创业生态系统

创业生态系统是“本地化的文化观念、社会网络、投资、大学以及积极的经济政策的组合，用以创造支持创新型企业的环境”（Spigel，2017）。创业生态系统是由新创企业及其赖以存在和发展的创业生态环境所构成的，是彼此依存、相互影响、共同发展的动态平衡系统（林嵩，2011），由多种参与主体，包括创业者、创业企业、相关组织和机构，及其所处的制度、市场、文化和自然环境通过交互作用形成的有机整体，致力于提高区域创业活动水平，即创业企业数量和创业成功率等（蔡莉等，2016）。

Spigel（2017）指出创业生态系统包含文化、社会和物质三种属性，是一个地区社会、政治、经济和文化元素的组合，这些元素支持创新创业公司的发展，鼓励新创企业家和其他行动者承担在创业、资金和协助其他高风险企业等方面的风险。文化属性涵盖了企业家精神的信念和基本观点，包括文化态度和创业历史两个方面；社会属性覆盖区域内社会网络所组成或所获得的一切资源，包括社会网络、投资资本、导师和交易撮合者以及企业人才四个方面；物质属性是区域内具有有形存在的属性，包括大学、支持服务和设施、政策和治理以及开放的市场。

二、互联网金融的创业生态系统

判定生态系统是否成功的关键不在于创业率的高低，而在于生态系统内部属性相互作用是否创造出有利区域环境（Spigel，2017）。我国开放的文化态度和市场、社会网络、投资资本、金融人才、支持设施等因素共同促进了互联网金融创业生态系统的形成和发展。

（一）文化属性

1. 文化态度

文化对于企业家精神的不同态度会导致出现截然不同的创业路径（Saxenian，1994）。同样，文化可以打造可被接受和认可的创业实践规范，并以此来影响创业活动（Aoyama，2009）。自《史记·货殖列传》开始有记载起，中国企业家计然和白圭的商业理念就是“人弃我取，人取我予”“天旱资舟，天涝资车”，善于把握时机；并对产品价格的市场涨跌有清楚的策略，即“贵上极则反贱，贱下极则反贵。贵出如粪土，贱取如珠玉”。陶朱公用计然之策，“十九年之中三致千金，再分散与贫交疏昆弟。此所谓富好行其德者也。”

在《琵琶行》《三言二拍》等文艺作品中，“商人重利轻别离”，形象不佳，而且在“士农工商”的排行中处于末位，但余英时在《儒家伦理与商人精神》与《中国近世宗教伦理与商人精神》中则为商人正名，认为宋代新儒学初兴的时候，张载就明确表示，新儒学立教的对象是所有人，不仅是“士”的阶层，而是对“众生”一视同仁。并提出只有“利”于全“民”才是正当得利，这和他的“民吾同胞”的用意是一致的。明代程朱进一步创建书院和全民讲学，将这种重建新秩序的新儒家理想繁衍到普罗大众，以《大学》为基础，从格致诚正到修齐治平，深刻影响了明清一代商人心怀天下的精神境界。“士魂商才”的说法，就是企业家既具备“士”的理想操守、道德情怀，又有“商”的能力与务实，以义取利，以利济世来支撑，谋求义利合一。

管理学者陈明哲认为“士”最早是在士大夫和卿大夫家担任公职的人，孔子将士和君子连接在一起，称其为“士君子”。“士”需要很高的道德修养，是社会精英的楷模。陈明哲认为企业家就是近代的“士”，如清末状元张謇可称得上“士”的典范，他放弃了状元身份，回到家乡南通，以实业为“父”，教育为“母”，成为中国第一家股份有限公司大生纱厂的创始人。他的看法与余英时所认为的明清商人在新儒家与新禅宗合流影响下“入市苦修”“敬贯动静”的精神修养一脉相承。民国时期大批企业家引进西方的技术与组织模式，大胆创新“国货”产品，同时很多具备儒家的理念、士的操守，服务乡梓与回报社会。晋商群体也提倡儒家的诚信、仁义、忠恕精神，讲究宗法乡谊，在外地通过会馆相互扶持帮靠，提高了晋商的信用。

《道德经》的哲学思想是“人法地，地法天，天法道，道法自然”。赵汀阳（2016）指出：“人所以为万物之灵，不在于勇于僭越，不在于以自身尺度为万物立法，反而在于能够弃我从物，超出自身尺度的局限而以万物为尺度，因此能够分享天地之道。”余英时（2004）也认为“以天下为己任”是新儒家所呼召的入市苦修的“先觉”。就是说企业家如果能和政治精英一样，能突破自身的尺度，拥抱一个权利开放的现代秩序，社会系统就有可能保持各种利益的平衡，政治、经济、文化、社会和技术系统的激励相互包容，暴力、不平等就有可能消除，实现天下一家的理想。

当下中国企业家重视市场、技术和创新，寻找变化和挑战，并做出反应，将变化视为机会而加以利用。他们在改革开放的浪潮中将国际经验和中国实际相结合，在全球价值链上不断攀登，在打造平台、创新生态的过程中实现各利益相关者的共同发展。时至今日，兼济经济目标和社会目标的社会企业也得到发展，他们创造出与众不同的产品和服务，改变了价值观。

具体到互联网金融场域，中国相对宽松的互联网金融监管环境为创业企业提供了尝试和成长的空间。以网络借贷为例，从 2006 年中国第一家 P2P 平台宜信公司成立到 2012 年期间，中国 P2P 行业经历了从缓慢到加快发展的过程，但是缺乏行业主导成员。P2P 企业通过网站平台发挥金融中介功能，其实质是金融脱媒，然而现实中大多数网贷平台均未取得正规金融信息服务牌照。国家尚未出台针对民间借贷中介的专门法律条文，对网贷平台的外部监管仍是空白。P2P 行业的发展秩序较为混乱，平台的运营方式不尽相同，经营者的真实情况也难以掌握，因此社会认可程度较低。2013 年 P2P 平台数量爆发式增长，逐步形成互联网直接融资模式，体现了信用资本化这一互联网金融的核心，具有创新在前、监管体系发展在后的特点，组织场域也因此缺乏稳定关系。一方面，政府倡导互联网金融的发展，支持网络创新金融服务，这为 P2P 的发展提供了社会导向和舆论的合法性。另一方面，央行、银监会等监管部门对于 P2P 的监管尚未清晰。这种情况为 P2P 企业提供了发展空间，也带来了风险隐患。2013 年 8 月 1 日，央行牵头组成的互联网金融发展与监管研究小组进行调研，研究如何进行监管。这有利于公众树立对 P2P 行业的整体信心，帮助 P2P 企业获取规制、规范和认知合法性。2014 年至今 P2P 出现了两极分化和行业洗牌。一边是有实力的 P2P 平台迅速发展，另一边是有问题的平台不断倒闭。2014 年，P2P 正式纳入银监会监管，P2P 业务边界的相关规定有利于行业规范健康发展。P2P 平台与商业银行开展战略合作，托管风险保证金。银行系 P2P 呈现多种模式：银行或自建 P2P 平台，如包商银行的小马 bank；或由子公司投资新建独立的 P2P 平台，如民生电商的民生易贷；或由集团设立独立的 P2P 企业，如平安集团的陆金所。总体而言，P2P 运营方、监管部门、消费者等逐步建立了可被接受和认可的创业实践规范，推动了网络借贷场域的发展。

拥有丰富文化的创业团队对创业融资具有促进作用，同时利用互联网平台创业融资对文化多样性具有促进作用。一方面可以降低创业团队文化多样性成本，增强不同特征人群的创业合作倾向；另一方面可以扩大投资人的范围，增强不同文化特征投资人参与创业项目的可能性（刘刚和王泽宇，2016）。

2. 创业历史和企业家精神

成功的创业故事是区域创业文化观点的重要组成部分（Feldman 等，2005）。此外，当地企业家成功创业并发展成为全球市场领军人物的故事，会激励新生代的企业家像他们一样前进（Feld，2012）。更重要的是，联结这些故事，可以在区域内形成更大的创业活动（Nelles 等，2005）并塑造企业家精神。创建阿里巴巴初期，马云无技术、无资本，创始团队也存在教育水平、创业经验以及文化条件等方面的差异，如今阿里巴巴已成为中国首屈一指的互联网公司（刘刚等，2016）。从身无分文到身价千亿，阿里巴巴的上市对中小企业的成长具有典型示范作用，且推动了新一轮的创业大潮（曹国钧，2014）。

奥地利学派对企业家精神进行了理论探索。西方最早系统研究经济中的企业家精神的文献是坎蒂隆（Cantillon，1755）的《商业性质概论》，在书中他提到了 100 多次各种企业家[①]，强调企业家的洞察力（Judgement）与活力在经济中的重要性，而不是其个性。Brown 和 Thornton（2013）评价坎蒂隆为“现代经济学的创始人”，他提出的产品“内在价值”（Intrinsic Value）与市场价值的差异，实际上就是企业家的得失。继承坎蒂隆对企业家精神的研究，奥地利学派的奈

① 坎蒂隆广泛描述了矿山主、剧院老板、建筑物所有者、各种商人，包括工匠、面包师、屠夫、木匠等各类企业家的活动以及在经济中的重要性。

特、米塞斯、熊彼特、柯兹纳等进一步将企业家精神看作一种职能、活动或过程，包括判断力（Knight，1921）、破坏性创新（Schumpeter，1947）、创造性（Mises，1949）以及警觉性（Kirzner，1992）等。Knight（1921）强调判断力必须在世俗环境中不断尝试、不断冒险。企业家精神集中代表的判断力无法根据它的边际产品来估价，因此也无法对这种判断力支付相应的工资。判断力因此不可能来自市场，只能来自于财产所有权。与此不同，熊彼特和柯兹纳都认为一个人即使没有资本，也可以是企业家（Foss 和 Klein，2005）。熊彼特（1947）认为企业家的职能是实现创新，打破市场的均衡状态，企业家在这个过程中获得利润；当这种创新行为被模仿后，利润就消失了，市场又回到均衡状态。为此，企业家精神体现在创新生产技术或生产要素的新组合。

米塞斯则认为企业家精神是承受不确定性的行为，可以用获利或亏损来辨识企业家精神。从广义上讲，米塞斯将企业家精神运用于所有承受不确定性的情境，从劳动者决定在哪工作以及做什么工作的不确定性来看，劳动者也是企业家；从狭义上讲，企业家精神最重要的是在现实市场中实现生产结构和商业模式，企业家承受着决定资本何时、如何，以及生产什么的风险（Mises，1949）。获利机会不可能就在那里，等待人们去实现它；相反，获利机会是企业家创造出来的，他们把变化本身看作改善自己企业条件的机会，积极拥抱这些变化并加以利用。因此，企业家精神的基本因素是人的创造能力（Mises，1949）。柯兹纳进一步把企业家精神看作对获利机会的“发现”（Discovery）或“警觉”（Alertness）。企业家对现存的机会保持警觉并随时准备发现它，通过当前行为创造未来（Kirzner，1992）。

哈耶克（Hayek，1990，1997）则认为计划经济是不可行的，因为社会具有自发秩序，是一个不断演进的动态过程，不是一个由某个人或一群人“理性组织”的系统；而且社会生活中重要的制度，包括经济制度、法律、道德等是长期演化的结果，不可能被人有意识地创造出来。企业家在“分立的个人知识”中扮演试错的角色，从而成为市场经济的积极参与者，帮助形成各种社会自发性的机制。虽然哈耶克关注的是宏观上人的自由与自发秩序，从企业家的角度来看，拥有分立知识的企业家个人越多，越可以实现更有效的知识运用，可以更好地维护人的尊严与自由。奥地利学派也深刻影响了管理学中对企业家的看法，如 Klein（2008）将企业家的才能定义为在不确定的情况下利用异质资源的判断力。

总体而言，奥地利学派对企业家有非常高的期待，认为个人的自由与社会的进步都有赖于企业家自由精神的弘扬，并将它和秩序、合作与逐步进步的人类福祉联系在一起。自英国开始的第一次产业革命，企业家广泛使用蒸汽机作为动力机，也催化了大规模的工厂，大规模的产业组织在人类历史上形成。西方发达社会更在这一基础上形成了“政府—产业组织—社会组织”三大力量，而企业家与社会企业家在后两支力量中都扮演了最积极的领导角色。

企业家是时代精神的创建者和守望者，这个时代最激动人心的部分就是技术引领创新，让人类有机会突破各种限制，企业家在其中的作用是推动技术在各个领域的应用。但是新技术在改变人类生产、分配和消费模式的同时也会带来各种挑战，例如如何融合技术、如何解决社会加速的不平等、如何应对新技术的伦理问题，这些都需要企业家接受新技术带来的挑战，领导快速的科技创新、社会变革和全球经济秩序变化，从而给人类社会带来更大的福祉。而更大的挑战，则是企业家如何推动权利开放秩序的转型，推动更多的市场建设，从而给更多的人赋能，让更多的人自由地参与竞争，使物品和个人在空间和时间上实现更自由的流动，实现包容性增长（North 等，2009；Stiglitz 和 Greenwald，2015）。

（二）社会属性

1. 社会网络和资本

在生态系统研究中，有关社会资本和网络的描述见表 7-1。Neck 等（2004）认为正式和非正式网络对支持和促进创业是重要的。Feld（2012）认为多样、密集的网络是创业者发现新创机会、征求意见并推动创业成长的重要条件。Spigel（2017）强调了指导、建议和同伴网络是创业生态系统中社会资本的重要组成。

表 7-1 创业生态系统中的社会资本和网络

描述	文献
以高科技公司为重点的正式和非正式社交网络	Neck 等（2004）
部门、人口和文化之间的密集网络	Feld（2012）
企业家、顾问、投资人和员工网络；新创业者的指导网络	Spigel（2017）

创业研究关注社会资本和网络对创业绩效、公司战略计划的绩效、众筹、区域知识密集型集群创新等的影响。社会网络是企业收集关于机会和技术等新知识的渠道（Owen-Smith 和 Powell，2004），帮助企业家获得市场和技术等知识资源，以及客户和供应商等相关方资源（Greve 和 Salaff，2003；Hoang 和 Antoncic，2003），帮助新企业获得融资（Shane 和 Cable，2002），很多创业公司的风险资本都是在投资者社交网络的基础上发展的（Fritsch 和 Schilder，2008），有些投资者会依赖他们信任的社会关系，确保他们的投资正确使用（Steijvers 等，2010）。同时，网络会减少公司和投资者之间的信息不对称（Shane 和 Cable，2002），影响企业的前景和技能（De Carolis 和 Saparito，2006）。

创业初期的马云缺乏较为专业和规范的团队，但通过社交网络，马云获得了大量的技术人才，且获得了软银、雅虎等的投资（刘刚等，2016）。合作伙伴会带来新思路、新工具，可以帮助互联网金融企业分担风险，也能创造新的机会。效果逻辑理论倾向于与社会关系网络里的利益相关者进行合作，强调利益相关者的事先承诺，减少环境中的不确定因素（Sarasvathy，2001）。互联网金融场域的创业活动体现了效果逻辑，互联网金融的行动者与愿意为创业做出实际承诺的利益相关者进行协商，共同开拓市场。例如，商业银行、数字金融平台、中小企业等行动者一起促进互联网金融服务实体经济，解决供应链金融中的信息不对称问题。

与各类利益相关者损益相济的企业战略观见图 7-1，超越了股东利益，关注更广泛的利益相关者群体。中国企业的发展不仅是自身的发展，而且是与各类利益相关者共同发展，实现包容性的发展。这反映在华为任正非的国际化管理哲学里："我们担心美国、欧洲、日本的企业落后了，他们落后了，独剩我们，我们就被孤立了。所以我们攻进无人区后，要先建立规则，这个规则不要利己，要利他，这样才能和别人合作得更好。"

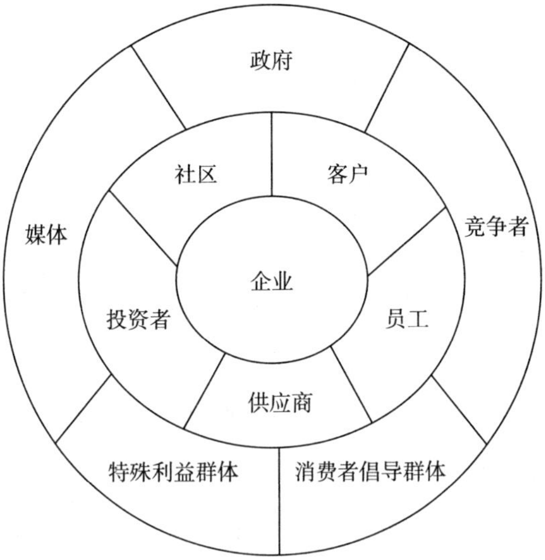

图 7-1　与利益相关者损益相济的企业战略观

为什么企业与各利益相关者之间损益相济的战略观要优于企业自身利益最大化呢？在《易经》看来，乾的四种美德就是元亨利贞。利者，万物各顺其本性，各尽其能，各逞其用，从而实现天地人的天道圆满。为此，以企业利润最大化为唯一目标很难保证可持续发展。要解决世界性的可持续发展问题，就需要一个与世界范围相对应的尺度。中国企业要从世界大格局看企业发展，在冲突与合作的二元对立中，发展与各利益相关者的合作，共荣俱损，促进天下公利，实现生生不息。

普拉哈拉德（Prahalad）倡导跨国企业关注金字塔底层市场，这个市场由全球数十亿每日收入不足 2 美元的穷人组成，服务这些市场虽然意味着削减产品或服务的附加值，但通过提供最基本的功能，刺激更大范围内的需求，企业也可以在这个被忽视的市场取得成功。同样，在天下无外的思想指导下，穷人、妇女等弱势群体可以通过微型贷款的商业模式实现接触金融服务。通过小额信贷机构、借款者社区、女性借款人、政府、小额信贷管理者和员工等多个利益相关者共同创造，一个崭新的机会之门就此打开（Sun 和 Im，2015）。

2. 投资资本

投资资本是机构投资者的融资，包括风险投资家、高净值天使投资者或企业家自己的家人和朋友等，是创业经济的关键组成部分（Malecki，2011）。同时，投资资本是创业公司成长的必要催化剂，投资者可以帮助创业公司应对发展过程中面临的挑战（Spigel，2017）。PE、VC、互联网巨头等投资或布局 P2P 领域，是 P2P 迅速发展的重要因素。网络借贷和股权众筹作为信息中介平台，通过让资金需求者直接与投资人对话，减少创业企业对传统银行等金融中介的依赖，突破了地域文化的限制（田轩，2015），使创业的资本来源更加多样和便利。2010~2020 年，对华直接投资总体呈上升趋势，来华股权投资和吸收关联企业贷款均有增长，2020 年来华股权投资净流入 1700 亿美元，接受境外关联公司贷款 425 亿美元[①]（见图 7-2）。跨境双向投融资活跃，一方面，2020 年外国来华各类投资（主要包括直接投资、证券投资、存贷款等其他投资）5206 亿美元，较 2019 年增长 81%；另一方面，我国对外各类投资 5983 亿美元，增长 1.1 倍，境内主体境外投资渠道不断拓宽，有效满足居民多元化配置境外资产的需求[②]。

3. 导师和交易撮合者

导师可以提高企业家的绩效（Bosma 等，2012），以及企业的整体组建和存活率（Lafuente 等，2007）。Feldman 和 Zoller（2012）认为交易撮合者积极主动地在创业行动者之间建立新的联系，帮助区域内企业的形成和增长，是具有高社会资本水平的行动者。导师和交易撮合者可以帮助企业家发展新的商业技能，并建立起本地的社会资本（Spigel，2017）。

①② 参见《2020 中国国际收支报告》，http：//www.gov.cn/xinwen/2021 - 03/26/content_5596086.htm。

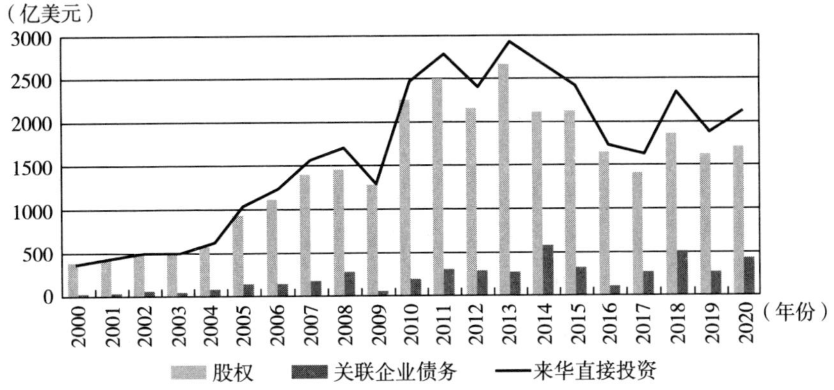

图 7-2　2000~2020 年来华直接投资情况

资料来源：http：//www. gov. cn/xinwen/2021-03/26/content_ 5596086. htm.

创新聚焦 7-1

京东大学众创学院

京东创始人刘强东认为互联网使创业信息更加扁平化，无数创业者迎来前所未有的春天。众创学院打造以京东系创业经验为特色，兼顾创新创业的实战与理论、经验与趋势，为创业者提供系统化课程，旨在组建实战派创始人社群，为创业者提供与成功企业家交流的平台。

众创学院开展了众创集中营、金融科技学堂、战略转型升级特训营以及地方分院等项目，辐射全国多地，针对不同需求，助力传统企业布局生态、顺利转型等。其中金融科技学堂项目整合最强导师阵容，引入最佳实战案例，输出全球化视野，致力打造国内最好的“金融科技学堂”，集“5 大核心模块+2 大海外研修+精品选秀模块”于一体的高品质、高圈层金融科技特训营。

资料来源：京东众创学院官网，https：//y. jd. com/zcCollege。

4. 企业人才

高水平的人力资本是新企业竞争力的关键组成部分（Audretsch 等，2011；

Qian 等，2013）。互联网金融发展背景的关键点之一是人才的激励，包括两方面：一是加大对人才创新工作绩效的奖惩；二是加强对普通员工的培训，培养知识型人才（张璨和刘卫华，2014）。

动态能力考察企业通过整合、重新配置内外部资源和能力生成一种新能力，以适应快速变化的环境。与低动态能力的企业相比，高动态能力的企业更具竞争优势，高水平的员工是对新机遇实施有效开发的基础，也是形成高动态能力的前提。在数字经济背景下，跨界是人才发展的必经之路。不论是金融机构，还是金融科技公司，互联网金融业务的发展都需要既懂金融又具有互联网基因的跨界人才。2020 年，清华大学经济管理学院互联网发展与治理研究中心联合领英中国发布《全球数字人才发展年度报告》，从信息与通信技术（Information and Communication Technology，ICT）行业（包括软件与 IT 服务和计算机网络与硬件）和非 ICT 行业（制造、金融、消费品等 22 个传统行业）角度分析数字人才的行业分布特征。在非 ICT 行业中，数字人才主要集中在制造、金融、消费品、公司服务四大行业，除公司服务外，中国城市的数字人才在其他三大行业均有较高的占比。在全球主要的创新城市中，数字技能表现出越来越高的代表性。中国创新城市代表性技能以数字技能为主，北京的典型技能分别是开发工具、计算机硬件、动画、数字营销、计算机网络，上海排在前五的技能依次是计算机硬件、制造运营、电子学、数字营销、外语，数字技能在两大城市均具有非常高的代表性，但未表现出丰富的行业技能。

教育部统计数据显示①，2019 年我国各类高等教育在学总规模 4002 万人，高等教育毛入学率 51.6%（见图 7-3），普通本专科招生 914.90 万人，比上年增加 123.91 万人，增长 15.67%；在校生 3031.53 万人，比上年增加 200.49 万人，增长 7.08%；毕业生 758.53 万人，比上年增加 5.22 万人，增长 0.69%。研究生招生 91.65 万人，其中招收博士生 10.52 万人，招收硕士生 81.13 万人。在学研究生 286.37 万人，其中在学博士生 42.42 万人，在学硕士生 243.95 万人。毕业

① 参见 http://www.moe.gov.cn/jyb_sjzl/sjzl_fztjgb/202005/t20200520_456751.html。

研究生 63.97 万人，其中毕业博士生 6.26 万人，毕业硕士生 57.71 万人。2015 年国务院办公厅印发了《关于深化高等学校创新创业教育改革的实施意见》，为创新创业教育提供了政策支持，强调教学、科研和实践需紧密结合，指出双创教育是推进高等教育综合改革，促进高校毕业生更高质量创业就业的重要举措。2018 年 1 月，教育部印发《普通高中课程方案和语文等学科课程标准（2017 年版）》，正式将人工智能、物联网、大数据处理划入新课标，减少了对于基本软件使用的要求，大幅度提升了在编程、计算思维、算法方面的要求，以及人工智能、开源硬件、网络空间安全等知识方面的要求。我国的新课标改革、2000 多所高等学校及双创教育将为互联网金融创业生态系统输送大量人才，也为培养“金融+科技”复合背景的人才奠定了基础。同时，互联网金融的行动者以开放的心态，接受改变，接受新知识，成为组织竞争优势的重要基础。

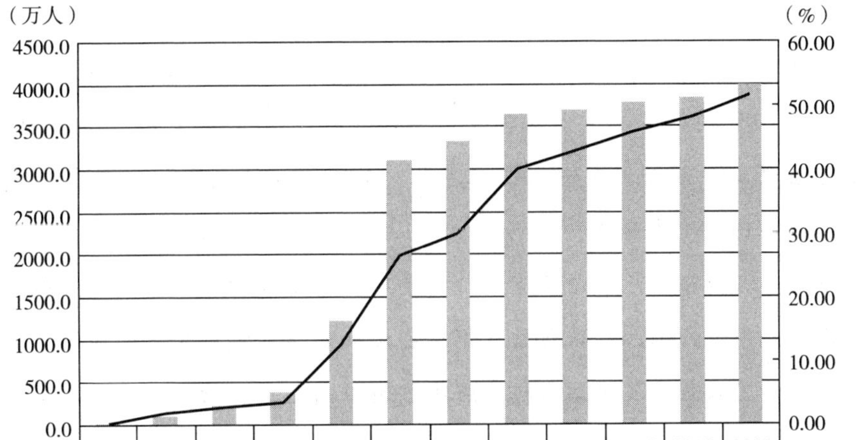

	1949	1965	1978	1990	2000	2010	2012	2015	2016	2017	2018	2019
在学总规模	11.7	109.5	228	382	1229	3105	3325	3647	3699	3779	3833	4002
毛入学率	0.26	1.95	2.7	3.4	12.5	26.5	30.0	40.0	42.7	45.7	48.1	51.6

图 7-3 1949~2019 年高等教育在学总规模和毛入学率

资料来源：http：//www.moe.gov.cn/jyb-sjzl/sjzl-fztjgb/202005/t20200520-456751.html.

创新聚焦 7-2

创新工场

创新工场由李开复于2009年创办，是创业投资机构，也是集创业平台、资金支持、投后服务等在内的全方位生态投资服务平台。近年来，创新工场在人工智能、自动化、B2B企业服务、医疗等领域不断探索，成为中国最具潜力的创业企业。

创新工场对口腔快消品牌“参半”进行了持续投资，在2021年“参半”近4亿元B轮融资中，创新工场继续加注。参半的漱口水产品，以益生菌元素为锚点，打造无酒精配方和饮料风格的口味，实现了更温和清新的口味和配方，受到年轻用户群体的喜爱。在产品外形上，参半选用的养乐多瓶身与益生菌元素相呼应，从包装和口味上双重强化核心记忆点。创新工场认为参半在未来不仅会是口腔细分品类的头部品牌，而且会成长为中国代表性日化品牌。

创新工场连续两轮投资了星猿哲科技（上海）有限公司（XYZ Robotics）。星猿哲CEO周佳骥是卡内基梅隆大学计算机学院机器人学博士，CTO俞冠廷是麻省理工学院电子信息工程学博士。星猿哲通过领先的机器人手眼协调技术，提供物流商品分拣、拆码垛、工业上下料与装配等3D视觉拣选一站式解决方案。人类在工厂、仓库等工作场景中的重复劳动可以归纳为用脚走路、用手操作、用眼检测，星猿哲旨在解决占比最大、最为重复枯燥的用手操作的工作。目前星猿哲将其机器人拣选解决方案推向电商、物流、工业、日化、医药等行业。

2020年创新工场领投了医疗器械B2B平台南京贝登医疗股份有限公司。贝登医疗旨在推进供应链平台的数字化、在线化和智能化，深化本地化服务布局、整合优化上游供应链，推进物流仓储、售后服务、营销模式等中台能力建设，构建一个打通全产业链的医疗器械互联网流通服务生态圈。传统的医疗器械流通模式落后而低效，产业链上的品牌厂商、各级经销商、医疗服务机构痛点众多：品牌厂商亟待加强对基层、民营市场的销售覆盖能力，次终端经销商经营规模小、综合服务能力欠缺，而广大的基层、民营医疗机构普遍缺少“多快好省”的医疗器械采购渠道。贝登医疗针对上述痛点，构建覆盖全国的次终端经销商和医疗机构渠道网络，打造技术和数据驱动的医疗器械流通服务平台，推动传统的医疗器械流通市场的持续变革。

2021 年 3 月，中国最大问答在线社区知乎在美国纽约证券交易所上市。从 2010 年知乎成立以来，创新工场从天使轮到 D 轮连续 5 轮投资知乎，一路伴随着知乎的成长。从最早的互联网创业核心人群，到各行各业专业人群，再到学生和年轻人，现在知乎已成为对知识、兴趣、爱好等志同道合者的讨论聚落，并往“国民应用”的方向前进。知乎的特别之处在于它是一款“打开型”的产品，对于同一个话题，人们可以在知乎上看到不同角度、不同专业背景、不同阶层的网民，讨论不同的知识和观点。知乎已成为多元化、具有包容性的内容来源。

资料来源：创新工场网站和公开资料。

（三）物质属性

1. 大学

大学为创业生态系统提供便利。一方面，大学可以创造创业机会（Smith 等，2014），为社会提供更多可能的创业选择。另一方面，大学为创业开发知识和人力资源，通过和大学进行交流讨论可以获取优质毕业生，同时大学可以培养学生的创业思维，鼓励学生创办新的企业（Wolfe，2005）。2019 年全国共有普通高等学校 2688 所（含独立学院 257 所），比上年增加 25 所，增长 0.94%；其中本科院校 1265 所，高职（专科）院校 1423 所（见表 7-2）。大学拥有来自五湖四海的学生，一群有梦想的年轻人用学到的专业知识，为互联网创业贡献力量。

表 7-2 2019 年高等教育学校（机构）数

地区	普通高校			
	合计	中央部门办	本科院校	高职（专科）院校
总计	2688	118	1265	1423
北京	93	39	68	25
天津	56	3	30	26
河北	122	4	61	61
山西	82	0	33	49
内蒙古	53	0	17	36
辽宁	115	5	64	51
吉林	62	2	37	25
黑龙江	81	3	39	42
上海	64	10	39	25
江苏	167	10	77	90
浙江	108	1	59	49
安徽	120	2	46	74
福建	90	2	39	51
江西	103	0	45	58
山东	146	3	70	76
河南	141	1	57	84
湖北	128	8	68	60
湖南	125	3	51	74
广东	154	4	67	87
广西	78	0	38	40
海南	20	0	8	12
重庆	65	2	26	39
四川	126	6	52	74
贵州	72	0	29	43
云南	81	1	32	49
西藏	7	0	4	3
陕西	95	6	57	38
甘肃	49	2	22	27
青海	12	0	4	8

续表

地区	普通高校			
	合计	中央部门办	本科院校	高职（专科）院校
宁夏	19	1	8	11
新疆	54	0	18	36

资料来源：http：//www.moe.gov.cn/jyb_ sjzl/moe_ sbo/jytjsj_ 2019/gd/202006/t20200611_464854.html.

1919 年，麻省理工学院（MIT）的校长理查德·麦克劳林（Richard Maclaurin）启动了“技术计划”（Technology Plan），旨在与工业赞助者建立紧密关系。1920 年，MIT 成立了“产业合作和研究部”，帮助教师维系与产业实践的关系，为无法负担研究实验室的小型企业提供服务，允许教师参与创立企业。20 世纪 30 年代斯坦福大学工程学院院长弗雷德里克·特曼（Frederick Terman）提出“卓越塔尖”（Steeples of Excellence）计划，集中精力在一些关键学科中发展顶尖项目，发展了“荣誉合作项目”（Honors Cooperative Program），建立大学和工业企业的紧密联系。特曼实践的产学研相结合的发展道路，不仅让斯坦福从政府、企业资助中受益，也为硅谷奇迹奠定了基础。1951 年工业园区在斯坦福大学的一片土地上建立，吸引了包括惠普在内的大批科技企业，这便于大学科研成果产业化，也为大学培养的人才提供了施展才华的舞台。

清华大学打造“兴趣团队”“创客空间”和“x-Lab”“三创”平台，不断完善创新创业教育体系，提出深化创新创业教育改革的“融合”计划，将创新创业教育融入培养体系①。2013 年 5 月清华 x-Lab 成立，是清华大学新型创新创业人才发现和培养的教育平台，也是公益性的开放平台，接收来自清华的学生、校友和老师的创意创新创业不同阶段的项目，并为他们提供学习机会、活动机会、培育指导、资源和服务。目前 x-Lab 在互联网和信息技术、医疗健康、环保能源、先进制造、消费服务、文化创意、教育等领域已培育 550 个创意创新团

① 中国教育报．创新创业融入培养体系［EB/OL］．［2015-10-22］．http：//www.moe.gov.cn/jyb_ xwfb/moe_ 2082/zl_ 2015n/2015_ zl50/201510/t20151022_ 214926.html.

队，350个创业企业。2018年8月粤港澳青年创新创业工场在深圳福田成立，目前已培育23个团队，每个创业团队都能获得量身打造的全链条服务，有6个团队的产值迈入千万元级，涉及人工智能、物联网、医疗科技、新材料等领域。

创新聚焦7-3

政企研合力服务中小企业

2021年5月8日，由工业和信息化部、中国人民大学和中国邮政储蓄银行三方共建的“中国人民大学国家中小企业研究院”正式揭牌成立。习近平总书记高度重视促进中小企业发展工作，多次作出重要指示批示，强调“中小企业能办大事”。2021年政府工作报告中也提出了一系列支持中小企业发展的政策措施。研究院通过整合高等院校、金融机构等智力资源，建立一支稳定、专业的研究队伍，加强对中小企业的研究，为国家建言献策，为促进中小企业高质量发展贡献力量。研究院依托三方优质资源和各成员单位支持，依托国家发展与战略研究院平台，努力将中小企业研究院打造成“新平台、大网络，跨学科、重交叉，促创新、高产出”的高端智库，在决策咨询、理论创新和舆论引导等方面发挥重要作用。研究院通过凝聚“政”“企”“研”等社会各界力量，共谋中小企业健康发展之路，携手为落实国家战略和建设现代化经济体系作出贡献。

资料来源：https：//www. psbc. com/cn/gyyc/ycfm/ycdt/202105/t20210508_ 96514. html.

延伸阅读7-1

“十三五”我国中小学互联网接入率超过98%

“十三五”期间，我国基础教育办学条件呈现新面貌，农村学校办学条件大幅改善。“十三五”期间，我国大力实施薄弱学校改造工程，全面加强义务教育薄弱环节建设，以中西部和农村地区学校为重点，大力推进学校标准化建设，加快缩小了城乡、区域教育差距。

截至2019年底，全国30.9万所义务教育学校（含教学点）办学条件达到基本要求，占义务教育学校总数的99.8%；全国小学、初中、普通高中接入互联网的学校比例分别为98.43%、99.07%、98.67%。

资料来源：http：//www.moe.gov.cn/fbh/live/2020/52763/mtbd/202012/t20201210_ 504688.html.

2. 支持服务和设施

支助服务和设施为初创企业提供基本服务（Kenney 和 Patton，2005），包括补贴的办公空间以及专业的服务咨询（Totterman 和 Sten，2005）、互联网基础设施等。财新智库发布的《数字经济的供给侧——中国数字经济指数2018年度报告》从数量的获取、传输、存储和使用四个维度衡量数字经济基础设施的增长。该报告测算，2018年3月我国数字经济基础指数为127，其中数据资源管理体系、互联网基础设施和数字化生活应用普及程度三项子指数分别为115、115和152，近两年增幅分别为-4%、-12%和52%，可见数字化生活应用普及程度指数增长最快。云计算作为在线数据存储、处理、分析的主要技术，是数字经济发展的基石。腾讯研究院联合腾讯云于2018年5月发布的《用云量与数字经济发展报告》指出2017年全国用云量总数较上半年环比增长66.5%，金融云用量占比5.1%（见图7-4）。数字基础设施的建设为互联网金融创业提供了物质基础。

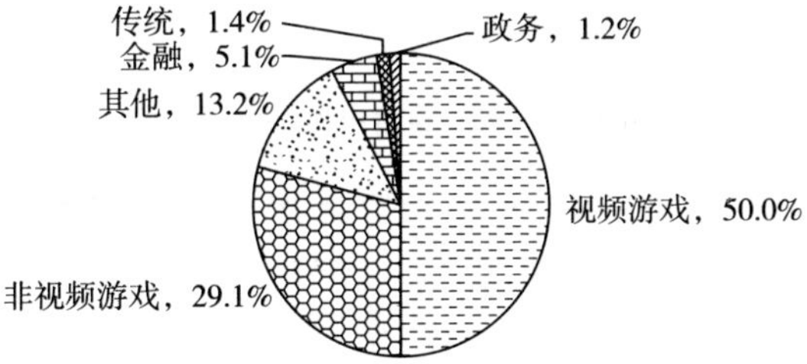

图7-4 2017年用云量行业分布

资料来源：根据腾讯研究院联合腾讯云发布的《用云量与数字经济发展报告（2018）》绘制。

与云的用量相对应，我国电话和网络的使用也在增长。2020 年，中国电话用户 17.76 亿户，其中移动电话用户总数 15.94 亿户，普及率为 113.9 部/百人（见图 7-5）；4G 用户总数达到 12.89 亿户，占移动电话用户数的 80.8%①。2020 年北京、上海、浙江的移动电话普及率位列全国前三，分别为 181.4 部/百人、176.2 部/百人、146.8 部/百人（见图 7-6）。千兆宽带服务推广不断推进，截至 2020 年底，中国三家基础电信企业的固定互联网宽带接入用户总数达 4.84 亿户，其中 100 兆比特每秒及以上接入速率的固定互联网宽带接入用户总数达 4.35 亿户，全年净增 5074 万户，占固定宽带用户总数的 89.9%；1000 兆比特每秒及以上接入速率的用户数达 640 万户，比上年末净增 553 万户②。目前我国网民总体规模约占全球网民的 1/5。“十三五”期间，我国网民规模从 6.88 亿增长至 9.89 亿，增长了 43.7%；其中农村网民规模为 3.09 亿，占网民整体的 31.3%，城市网民规模为 6.80 亿，占网民整体的 68.7%③。

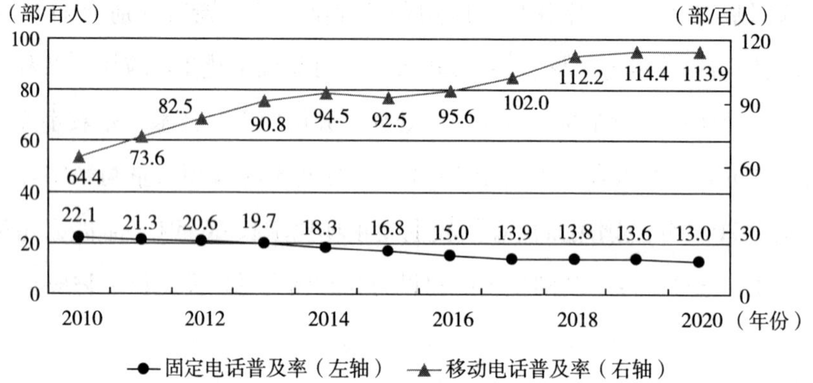

图 7-5　2010~2020 年固定电话和移动电话普及率

资料来源：https：//www.miit.gov.cn/gxsj/tjfx/txy/art/2021/art_ 057a331667154aaaa6767018dfd79a4f.html.

①② 参见 https：//www.miit.gov.cn/gxsj/tjfx/txy/art/2021/art_ 057a331667154aaaa6767018dfd79a4f.html。

③ 参见第 47 次《中国互联网络发展状况统计报告》，https：//zndsssp.dangbei.net/2021/20210203.pdf。

2016~2020年网络支付用户规模和手机网络支付用户规模见表7-3。截至2020年底，中国网络支付用户规模达8.54亿，占网民整体的86.4%；手机网络支付用户规模达8.53亿，占手机网民的86.5%①。移动支付缩小了地域分布差距和城乡数字鸿沟，提高了普惠金融服务的可得性和便捷性。人民银行发行数字人民币，在零售支付等场景进行测试，兼容条形码支付、近场支付等多元支付方式，在深圳和苏州的试点工作取得阶段性成果。

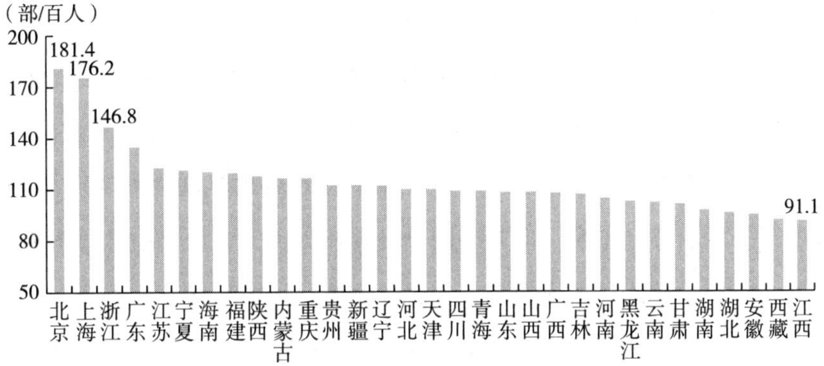

图7-6 2020年各省份移动电话普及率

资料来源：https：//www. mitt. gov. cn/gxsj/tjfx/txy/art/2021/art_ 057a331667154aaaa6767018dfd79a4f. html.

表7-3 2016~2020年网络支付用户规模和手机网络支付用户规模

年份	网络支付用户（万人）	使用率（%）	手机网络支付用户（万人）	使用率（%）
2016	47450	64.9	469201	67.5
2017	53110	68.8	52703	70.0
2018	60040	72.5	58339	71.4
2019	76798	85.0	76508	85.3
2020	85434	86.4	85252	86.5

资料来源：中国互联网络中心（CNNIC）中国互联网络发展状况统计调查。

① 参见第47次《中国互联网络发展状况统计报告》，https：//zndsssp. dangbei. net/2021/20210203. pdf。

中国积极参与数字领域国际规则制定，例如倡导发起《二十国集团数字经济发展与合作倡议》《“一带一路”数字经济国际合作倡议》等。《数字中国发展报告（2020年）》① 指出，截至2020年底，我国已与16个国家签署“数字丝绸之路”合作谅解备忘录，与22个国家建立“丝路电商”双边合作机制。网络互通深入推进，我国与“一带一路”沿线十几个国家建成有关陆缆海缆，系统容量超过100太比特每秒，直接连通亚洲、非洲、欧洲等地区。信息通信技术、产品和服务国际市场竞争力大幅提升。

互联网金融的发展引起金融领域变革，政府加快互联网金融集聚区的建设和完善，助力互联网金融发展。互联网金融集聚区是由互联网金融企业、金融机构设立的，从事互联网金融业务的实体及相关基础或中介服务机构（黄震和杨益，2015）。发展互联网金融集聚区的重要方面是有效聚集互联网人才和金融人才，打造互联网技术服务云平台，向互联网金融企业提供大数据集中处理等服务。同时互联网金融应注重连接实体经济，在服务实体经济中延伸互联网产业链。2019年10月28日，中国国际经济交流中心副理事长黄奇帆在第二届金融外滩峰会上提到，金融科技发展的主体是产业互联网金融。产业互联网金融是机构通过金融科技向产业生态提供投融资服务的统称。数字平台与金融机构各尽其能、各展所长，促进科技金融更合理地发展。

创新聚焦 7-4

金融云计算

云计算通过互联网提供计算资源与服务，是技术供给侧改革和大数据需求共同激发的新技术形态。云计算的服务模式主要包括：基础设施即服务（Infrastructure as a Service，IaaS）、平台即服务（Platform as a Service，PaaS）和软件

① 参见《数字中国发展报告（2020年）》，https：//m. thepaper. cn/baijiahao_ 13483583。

即服务（Software as a Service，SaaS）等。表7-4梳理了金融云服务的主要提供商和相关服务。服务商大致有三类：一是大型金融机构成立的子公司，向其他金融机构提供金融科技输出；二是阿里巴巴、腾讯等互联网企业，通过云平台成立金融云业务团队；三是万国商业机器公司（IBM）、金山等传统软件转型的服务商。

表7-4　金融云服务的部分提供商和相关服务

服务提供商	相关产品/服务
华为云	金融行业解决方案
阿里云	金融行业数字化转型解决方案
京东金融云	金融机构数字化解决方案
腾讯云	金融行业解决方案
平安云	互联网金融解决方案
百度智能云	智慧金融解决方案
工银科技	“金融+IT”解决方案
IBM	银行业和金融市场解决方案
恒生云	全场景金融解决方案
兴业数金	银行云解决方案
金山云	金融智能交互解决方案
招银云创	跨银行现金管理平台
融联易云	金融 SaaS 产品
天翼云	金融云解决方案
融信云	FaaS 金融科技服务

徐敏（2016）指出阿里巴巴打造的云端金融大生态包括四层：金融服务层、解决方案层、场景化生态层、产业经济层。最底一层包括银行、保险、证券、基金期货、交易所、P2P、小贷、典当、担保等一系列金融机构，也包括征信、支付等互联网金融公司。上面一层是解决方案供应商，多种科技公司为金融创新提供很多解决方案，金融云集合这些供应商的服务形成一整套云上解决方案。再上面一层是产融结合层，也叫场景化生态层或金融O2O，这一层的目标是打通金融

和产业的“最后一公里”，包含了消费侧和供给侧两端的各种实际的应用。云端金融最上面是产业层，包括小微企业、个人、“三农”等。通过这四个层阶的构建，阿里金融云实现资金流、数据流、客户流的有效归集与良性循环，打通产业与金融的相互融通。

工银科技向客户提供“金融+IT”的一揽子解决方案，为集团重点客户提供IT基础设施以及业务系统的托管支持服务，面向SaaS服务建设者提供运营支持服务，构建“开放、合作、共赢”的金融生态圈。工商银行金融云集基础设施云（IaaS）、应用平台云（PaaS）和金融生态云（SaaS）三位于一体，实现了传统集中式IT架构向云计算架构的转型。在“金融+行业”场景中，工银科技提供智慧政务、智慧社保、智慧医疗、数字财政等解决方案。在“金融+科技”场景中，工银科技提供BRAINS反洗钱产品、客户关系管理系统、金融智能监管报送系统、基础技术平台等产品和服务。在金融新生态中，工行云面向教育、医疗、交通出行、餐饮、旅游等11个行业提供了多款SaaS云服务。

开放式金融云平台在商业银行、科技公司、商业生态之间架起一座桥梁，有助于打造数据、业务、流量闭环系统。对商业银行来说，一方面有助于将对外服务方案标准化，简化了与其他企业的对接流程；另一方面平台可有效对接各类商业生态，将专业金融服务融入多种生活消费场景以及各行业生产经营活动中，利用场景创新能力获客导流。

2017年浦发银行和IBM服务部合作完成了“面向生态融合的浦发银行API开放平台”项目，将银行服务嵌入合作伙伴的平台和业务流程中，实现以客户为中心、场景为切入，重塑银行业务和服务模式。所谓API开放银行，就是把银行的核心业务和服务通过数字技术进行抽象，提供API应用程序接口，让第三方开发商可以在自己的应用程序中无缝集成银行所开放出来的API，从而通过安全的具有业务价值的API调用银行的核心业务和服务，加快业务办理速度。API开放银行在构建数字生态方面具有重要意义：以数据、能力、模型等API为新型黏合剂取代过往的金融产品，从而构建生态黏性；使各方通过API以数字化形式快速线上对接，能够有效缩短各方生态距离；组织者使用API作为线上生态圈的通用语言，聚合接触更多生产者和消费者，有利于拓宽生态的边界。截至 2018 年底，浦发银行 API 开放平台共计发布 230 个 API 服务，推出零售电商平台、房产权益金、出国金融、网络贷款、跨境电商、对公账户体系等多个业务场景解决方案，服务逾 800 万用户，与中国银联、京东数科、携程、万科等共计 86 家合作方应用对接，API 开放平台交易量快速增长，日交易量峰值超 100 万笔。2018 年，浦发银行又携手 IBM 安全事业部基于领先的 IBM SIEM 平台构建了 SOC 安全运营中心，进一步打造无边界银行时代的无边界金融安全。

资料来源：https：//www. ibm. com/downloads/cas/RLDNEPGX 以及公开资料。

3. 政策和治理

政府通过税收优惠、公共资金投资或减少官僚监管等手段鼓励和支持创业（Huggins 和 Williams，2011；Mason 和 Brown，2013）。在 2015 年，李克强总理明确指出要给创新者以激励，给创造者以空间，给创业者以保障，建设鼓励创新创造的生态体系（黄震和杨益，2015）。中国金融监管部门在鼓励金融科技发展和防范金融风险积聚之间求得平衡，制定并实施较为审慎的监管政策，取得了积极的成效。

2015 年，国务院发布《国务院关于积极推进“互联网+”行动的指导意见》，要求顺应互联网趋势，支持互联网创新创业发展，完善智能化、协同化的“互联网+”产业生态体系。2016 年，国务院印发的《关于深化制造业与互联网融合发展的指导意见》中提到，激发“双创”活力，培育新模式新业态，强化信息技术支撑，营造融合发展新生态，充分释放“互联网+”的力量。同年，经国务院同意印发的《互联网金融风险专项整治工作实施方案》强调规范发展互联网金融，切实发挥互联网金融支持大众创业、万众创新的积极作用。2018 年，《国务院关于推动创新创业高质量发展打造“双创”升级版的意见》要求简政放权，放管结合，优化服务，加大财政支持力度，便利创新创业。2020 年，在疫情影响下，国务院办公厅印发《关于提升大众创业万众创新示范基地带动作用进一步促改革稳就业强动能的实施意见》要求积极应对疫情影响，落实阶段性减免减负政策，深化金融服务，完善创新创业创投生态链，加强新兴领域创业投资服务，为优质创业项目提供资金支持。

政府如何让互联网金融头部企业和中小企业同时参与，从而激活创新？可以从以下三方面进行探讨：

首先，政府支持头部企业成为互联网金融知识创新流的加速器。Spencer 等（2005）分析了在四种不同的国家政治制度中，政府和创新企业的机遇和挑战。以美国、英国、澳大利亚为代表的自由多元主义（Liberal Pluralist）国家政府相对较弱，企业组织和利益集团之间独立竞争，注重任务导向和突破性创业；以法国、意大利和比利时为代表的民族国家（State Nation）公共部门和私有部门之间界限分明，政治和管理领导者更倾向于合作，强调突破性技术创业；德国和日本等推行国家社团主义（State Corporatism），政策网络和社会团体由政府认可并合法化，强大的政府有能力实施产业政策；瑞典、丹麦、芬兰等社会社团主义（Social Corporatism）国家的政府作为合作伙伴促进创新，而不是引导新兴产业的出现。中国政府一方面应鼓励头部企业在创新体系、研发布局、科研团队等方面积极尝试，另一方面应鼓励新创企业，赋予新技术成长的土壤。

其次，政府也应制定反垄断法规范头部企业，保证市场竞争与开放。反垄断不仅有利于社会生产和市场的健康发展，而且有利于技术创新，保护中小企业免受头部企业的经济打压。《经济学人》多次担心谷歌、脸书、苹果、亚马逊四家头部企业因为拥有大量的用户数据，可能在以人工智能为代表的第四次产业革命中，拥有数据的垄断优势。2016 年 4 月，欧盟通过了《通用数据保护条例》（General Data Protection Regulation，GDPR），并于 2018 年 5 月在欧盟成员国内正式实施，该条例旨在通过统一的法规来控制欧盟居民的个人数据，简化国际商务的监管环境。谷歌、脸书等科技巨头常常迫使消费者放弃对自己数据的控制权以换取服务，GDPR 将阻止这种商业行为，要求企业在使用欧盟居民的个人数据之前必须征得该用户的同意。近年来，美国连续发起对脸书、亚马逊、苹果等大型科技公司的反垄断调查，并于 2020 年实施了《加利福尼亚消费者隐私法案》。德国在 2020 年通过《反对限制竞争法》第十次修正案，加强对大型科技公司的监管。2020 年 9 月，我国国家市场监督管理总局发布了《经营者反垄断合规指南》，鼓励经营者培育公平竞争的合规文化，明确规定经营者具有市场支配地位的，不得从事反垄断法相关规定所禁止的滥用市场支配地位行为。2021 年 2 月，国务院反垄断委员会制定发布《国务院反垄断委员会关于平台经济领域的反垄断指南》，强调对各类市场主体一视同仁，公平公正对待，促进平台经济规范有序创新健康发展。

最后，政府的行业政策应该推动生态系统的合作演化、实现互联网金融健康发展。一个国家的产业竞争力，一方面需要更强的大型龙头企业（Spencer，2003），另一方面需要繁盛的中小企业，相互之间组成共生的创业生态系统，实现产业创新的生生不息。生态系统是“共生共存的行为者组成的多元化集合，其影响整个行为者群体的形成，并影响整个群体的最终发展轨迹乃至整个经济体”（Cohen，2006），而不受到地理因素的限制。新商业模式的成长需要生态系统的支持，根本而言，每个行业都建立在由知识、专业技能和资金支持所构成的生态系统基础之上，随着商业和行业动态的变化而演变并共同进化。根据周围环境、产品和市场的不同，生态系统的定义和范围也各有区别，因此产生了枢纽型创新生态系统和运营型生态系统（Nambisan 和 Baron，2013）等不同概念。互联网金融头部企业和中小企业规范经营、合作共赢才能实现生态系统的可持续发展。

延伸阅读 7-2

提升金融机构中小微企业金融服务能力

2021 年 6 月，中国人民银行印发了《关于深入开展中小微企业金融服务能力提升工程的通知》（以下简称《通知》），以进一步提升银行业金融机构中小微企业金融服务能力。《通知》在推动中小微企业融资增量扩面和提质增效、优化银行业金融机构内部政策安排、运用科技手段赋能中小微企业金融服务、提升中小微企业贷款定价能力、完善融资服务和配套机制等方面提出了具体要求。

人民银行引导银行业金融机构加大对小微企业的信贷投放，拓宽支小信贷资金来源，在合理管控风险和市场化法治化原则下，适当加大对经济欠发达地区的中小微企业信贷支持力度。银行业金融机构要继续加强对个体工商户、小店、商铺、新型农业经营主体等稳定扩大就业重点群体的金融支持，鼓励精简办贷环节，加强线上服务，优化贷款审批手续，提高个体工商户等经营主体的融资便利度。

《通知》鼓励银行业金融机构运用科技手段赋能中小微企业金融服务：鼓励银行业金融机构通过大数据、云计算、区块链等金融科技手段，提高贷款效率，创新风险评估方式，拓宽金融客户覆盖面。大中型银行业金融机构要依托金融科技手段，加快数字化转型，打造线上线下、全流程的中小微金融产品体系，满足中小微企业信贷、支付结算、理财等综合金融服务需求。地方法人银行业金融机构要坚守"支小支农"市场定位，借助信息技术手段优化信贷业务流程，鼓励开发线上产品，提升中小微企业金融服务便利度。

资料来源：http：//www. pbc. gov. cn/goutongjiaoliu/113456/113469/4282490/index. html.

4. 开放的市场

强大的本地市场可以为创业生态提供广阔的机会，当地消费者的特殊需要是新的创业投资市场（Spilling，1996）。受新冠肺炎疫情影响，线下金融服务受到冲击，中小银行互联网金融联盟执行副理事长叶望春提到，疫情期间，在 144 位参与《抗击疫情，金融科技价值凸显》问卷调查的调研人员中，有 79 位从业者表示疫情之后会加大金融科技的投入①。近年来，来华直接投资和中国对外直接投资都很活跃。2020 年来华直接投资比 2019 年增长 14%，体现了疫情背景下我国经济稳步恢复、营商环境不断优化，对外资保持长期吸引力；来华证券投资增长 73%，中国金融市场开放稳步推进、中国债券逐步被纳入全球主要债券指数，人民币资产更受青睐，境外投资者持有的境内债券快速增长②。2019 年全球对外

---

① 参见 https：//www. sohu. com/a/424130444_ 117965。

② 参见 http：//www. gov. cn/xinwen/2021-03/26/content_ 5596086. htm。

直接投资前三名为日本、中国和美国，分别为 2266.5 亿美元、1369.1 亿美元、1249.0 亿美元，其中中国流向金融业的对外直接投资为 199.5 亿美元[①]。表 7-5 列出了 2010~2019 年中国对外直接投资流量情况，2019 年中国对外直接投资流量高出美国 120.1 亿美元，为日本同期的 60.4%，全球占比 10.4%。

表 7-5　2010~2019 年中国对外直接投资情况

年份	流量（亿美元）	全球占比（%）	全球位次
2010	688.1	4.9	5
2011	746.5	4.8	6
2012	878	6.4	3
2013	1078.4	7.8	3
2014	1231.2	9.0	3
2015	1456.7	8.5	2
2016	1961.4	12.7	2
2017	1582.9	9.9	3
2018	1430.4	14.5	2
2019	1369.1	10.4	2

资料来源：http：//images.mofcom.gov.cn/fec/202102/20210202162924888.pdf.

《外商投资准入特别管理措施（负面清单）（2020 年版）》取消外商投资股比限制，放开外资保险经纪公司经营范围，不再对合资证券公司业务范围单独设限，扩大了外资银行业务范围。2020 年新冠疫肺炎情以来，人员流动受阻，货物贸易和传统服务贸易受到冲击，但是疫情加速了数字服务和贸易，远程医疗、网上展会、跨境电商、在线教育、协同办公、共享平台等服务广泛应用。消费者对于互联网金融服务的需求上升，随着市场的开放，互联网金融技术的广泛应用将为消费者提供更多便利。因此后疫情时代，互联网金融市场将进一步扩大。

① 参见 http：//images.mofcom.gov.cn/fec/202102/20210202162924888.pdf。

延伸阅读 7-3

金融场景生态建设

全球最具价值的前 100 家银行中，70%以上已通过建设开放银行平台等模式投入场景生态建设浪潮。基于场景平台，G 端（政府）、B 端（企业）、C 端（个人）、F 端（银行）等多方诉求充分融合，由跨业竞争转向跨业竞合，共享资源、共建服务生态，协同共赢。

为顺应金融场景生态建设的发展趋势，中国银行通过实践探索，分析研究金融场景生态建设的共性特征和发展趋势，建立了金融场景生命力评价体系，构建共生价值网络，围绕金融场景的主要参与主体对金融场景生态价值进行评价，与合作伙伴共生、共创、共享价值。

金融场景生命力评价体系体现在“四维一体”，从政府（G）、企业用户（B）、个人用户（C）和商业银行（F）四个维度对金融场景生态价值进行定量评价，回答“优秀与否”的问题；核心在于“一体”，即通过“完整、杰出、共赢、流量”将金融场景视为一个整体，对金融场景整体价值进行定性评价，回答“好不好”的问题。

对金融场景整体价值做定性考评，具体包括以下四个方面：

I（Integrality）——完整，即金融场景生态服务链的完整性，该场景是否能够依据客群的特定需求形成服务闭环，满足客户与之相关的金融及非金融服务，不会因某一环节缺失而使客户脱离该场景，确保客户“不出圈”。

T（Transcendence）——杰出，即金融场景建设主体的杰出性，该主体（以商业银行为主）在该场景中是否能够提供具有核心竞争力的金融产品或优质的金融服务。

W（Win-win）——共赢，即金融场景是否可以满足各参与主体诉求并实现共赢。参与方是否能够通过场景建设实现服务能力、绩效目标和价值导向的提升。

S（Scene Traffic）——流量，是用户对金融场景满意度的体现，其本质是获取用户，最终目标是实现用户价值最大化。

评估金融场景服务链条完整度、建设主体杰出度及明确参与方共赢程度和场景流量后，进入四维主体评价阶段。

G 端（政府）维度，金融场景是否体现正面、积极的社会价值，从落实国家战略、承担社会责任、坚持依法合规三个层次进行评价。金融场景建设的内容与目标是否能够积极响应党中央号召、有效落实国家战略导向和发展方针、回归金融本源；商业银行通过金融场景建设，是否向用户传递正面的消费习惯和价值观、营造积极正向的消费氛围；金融场景建设及运营是否严格遵守国家法律法规及监管政策、切实保护消费者合法权益，是否运用海量多维数据实现信息整合、特征关联和业务洞察，强化风险感知、评估和处置。

B 端（企业）维度，金融场景是否能够实现“1+1>2”的效应，从拓展流量渠道和降低融资成本两个层次来进行评价。金融场景是否能够为 B 端企业形成新的流量渠道；商业银行是否通过对接各类相关综合信息平台从全流程切入改进自身风控模型，实现客户精准识别并提供差异化便利服务，为 B 端企业特别是广大小微企业、民营企业降低融资成本。

C 端（个人）维度，金融场景是否能够满足个人用户追求与金融相关美好生活的期待，从低成本交易和便捷化体验两个层次来进行评价。金融场景与 C 端用户交互的核心要素是金融场景提供的主体产品/服务价格是否具有市场竞争力；在消费者导向时代，C 端用户对服务便捷化需求较以往任何时代都强烈，便捷化体验是金融场景强化服务和竞争优势的关键环节。

F 端（银行）维度，金融场景是否能够从客户转化率、产品配置率、活跃客户数、金融资产提升幅度及利润贡献度五个层次指标实现量质齐升。考量从“用户”到“客户”的实施效果、金融场景客户对银行产品的配置率、金融场景向客户提供产品与服务的频次、场景内客户的金融资产提升幅度以及金融场景生态建设启动以来对商业银行带来的存款、贷款和中间业务收入的利润贡献。

资料来源：2021 年中国银行发布的《金融场景生态建设行业发展白皮书》。

参考文献

［1］安强身，胡金焱，姜占英．民间金融互联网化：现实观照与理论思考［J］．经济学家，2017，29（10）：86-95.

［2］边卫红．次贷危机对美国银行业结构调整影响研究［J］．金融论坛，2010（1）：18-24.

［3］蔡宁，贺锦江，王节祥．“互联网+”背景下的制度压力与企业创业战略选择——基于滴滴出行平台的案例研究［J］．中国工业经济，2017（3）：174-192.

［4］蔡莉，彭秀青，Satish Nambisan，王玲．创业生态系统研究回顾与展望［J］．吉林大学社会科学学报，2016，56（1）：5-15.

［5］曹国钧．阿里上市引发十大互联网创业机会［J］．上海经济，2014（10）：67-69.

［6］陈海强．互联网金融时代商业银行的创新发展［J］．宁波大学学报（人文科学版），2014，27（1）：109-112.

［7］陈志武．金融的逻辑［M］．北京：五洲传播出版社，2011.

［8］陈明昭．互联网金融的主要模式及对商业银行发展的影响分析［J］．经济研究导刊，2013（31）：119-120.

［9］丁振辉．互联网金融监管的要点及意义［J］．征信，2015（10）：13-18.

［10］杜运周，尤树洋．制度逻辑与制度多元性研究前沿探析与未来研究展望［J］．外国经济与管理，2013，35（12）：2-10.

［11］宫建华，周远祎．我国互联网金融发展现状与风险治理［J］．征信，2019，37（9）：89-92.

［12］古晨，王迎军，崔连广，等．创业制度环境对创业决策的影响机制［J］．科学学研究，2019，37（4）：711-720.

［13］郭新华，刘辉，伍再华．收入不平等与家庭借贷行为［J］．经济理论与经济管理，2016，36（5）：84-99.

［14］韩炜，杨俊，胡新华，等．商业模式创新如何塑造商业生态系统属性差异？——基于两家新创企业的跨案例纵向研究与理论模型构建［J］．管理世界，2021（1）：88-107.

［15］何德旭，董捷．中国的互联网保险、模式、影响、风险与监管［J］．上海金融，2015（11）：64-67.

［16］胡世良．互联网金融模式与创新［M］．北京：人民邮电出版社，2015.

［17］胡枫，陈玉宇．社会网络与农户借贷行为——来自中国家庭动态跟踪调查（CFPS）的证据［J］．金融研究，2012（12）：178-192.

［18］霍兵，张延良．互联网金融发展的驱动因素和策略——基于长尾理论视角［J］．宏观经济研究，2015（2）：86-93，108.

［19］黄益平，周晔．互联网金融 12 讲［M］．北京：中国人民大学出版社，2016.

［20］黄震，杨益．发展互联网金融集聚区的五个维度［J］．中国党政干部论坛，2015（9）：55-58.

［21］黄浩．数字金融生态系统的形成与挑战——来自中国的经验［J］．经济学家，2018（4）：80-85.

［22］焦瑾璞，黄亭亭，汪天都，等．中国普惠金融发展进程及实证研究［J］．上海金融，2015（4）：12-22.

［23］贾丽平，张晶，贺之瑶．电子货币影响货币政策有效性的内在机理——基于第三方支付视角［J］．国际金融研究，2019（9）：20-31.

［24］贾明，张喆．高管的政治关联影响公司慈善行为吗？［J］．管理世界，2010（4）：99-113.

［25］江嘉骏，高铭，卢瑞昌．网络借贷平台风险：宏观驱动因素与监管［J］．金融研究，2020（6）：152-170.

［26］金烨，李宏彬．非正规金融与农户借贷行为［J］．金融研究，2009（4）：63-79.

［27］布莱特·金（King B.）．银行 4.0［M］．施轶，张万伟，译．广州：广东经济出版社，2019.

［28］李雪灵，黄翔，申佳，等．制度创业文献回顾与展望：基于“六何”分析框架［J］．外国经济与管理，2015，37（4）：3-14.

［29］李涛，徐翔，孙硕．普惠金融与经济增长［J］．金融研究，2016（4）：1-16.

［30］李善民．直销银行的兴起、存在问题及政策建议［J］．金融与经济，2019（2）：72-77.

［31］李彦宏．百度迎接新时代——内容分发、连接服务、金融创新、人工智能［J］．中国经济周刊，2017（2）：48-51.

［32］李红坤，刘富强，翟大恒．国内外互联网保险发展比较及其对我国的启示［J］．金融发展研究，2014（10）：77-83.

［33］李姚矿，张慧玲，凌丽．天使众筹联合投资网络结构及动态演变的探索性研究［J］．科技进步与对策，2021，38（16）：8.

［34］梁璋，沈凡．国有商业银行如何应对互联网金融模式带来的挑战［J］．新金融，2013（7）：49-53.

［35］林雪．互联网金融与商业银行业务的融合与发展研究［J］．金融论坛，2014（10）：21-28.

［36］林巍，王祥兵．大数据金融：机遇、挑战和策略［J］．财会学习，

2016（3）：140-142.

［37］林嵩．创业生态系统：概念发展与运行机制［J］．中央财经大学学报，2011（4）：58-62.

［38］刘云，Wang G. Greg. 基于评价者视角的组织合法性研究：合法性判断［J］．外国经济与管理，2017，39（5）：73-84，114.

［39］刘康宁．互联网金融对商业银行业务的影响研究［J］．经济研究导刊，2016（21）：80-81.

［40］刘澜飚，沈鑫，郭步超．互联网金融发展及其对传统金融模式的影响探讨［J］．经济学动态，2013（8）：73-83.

［41］刘生元．BATJ 金融战略浅析——腾讯金融战略篇［J］．中国城市金融，2018（5）：41-43.

［42］刘刚，王泽宇，程熙鎔．"朋友圈"优势、内群体条件与互联网创业——基于整合社会认同与嵌入理论的新视角［J］．中国工业经济，2016（8）：110-126.

［43］刘刚，王泽宇．创业团队文化多样性与互联网创业融资——基于产品众筹数据的实证分析［J］．财贸经济，2016（6）：113-128.

［44］刘晓欣，周弘．家庭个体特征对居民借款行为的影响［J］．金融研究，2012（1）：154-166.

［45］刘英，罗明雄．大数据金融促进跨界整合［J］．北大商业评论，2013（11）：96-101.

［46］廖理，张金宝．城市家庭的经济条件、理财意识和投资借贷行为——来自全国 24 个城市的消费金融调查［J］．经济研究，2011（S1）：17-29.

［47］廖理，张强．P2P 网络借贷实证研究：一个文献综述［J］．清华大学学报（哲学社会科学版），2017，32（2）：186-196.

［48］罗暘洋，李存金，罗斌．基于双层网络的第三方支付机构与商业银行竞合演化机理研究［J/OL］．中国管理科学，2021.

［49］罗党论，甄丽明．民营控制、政治关系与企业融资约束［J］．金融研

究，2008（12）：164-178.

［50］罗党论，刘晓龙．政治关系、进入壁垒与企业绩效［J］．管理世界，2009（5）：97-106.

［51］娄祝坤，张川．政治关联与社会责任：自觉回馈还是战略选择［J］．经济与管理，2014（2）：66-71.

［52］马九杰，吴本健．互联网金融创新对农村金融普惠的作用：经验、前景与挑战［J］．农村金融研究，2014（8）：5-11.

［53］牛华勇，闵德寅．互联网金融对商业银行的影响机制研究——基于新实证产业组织视角［J］．河北经贸大学学报，2015，36（3）：66-71.

［54］潘虹．我国互联网股权众筹模式现状及发展对策［J］．经济研究导刊，2018（18）：72-73.

［55］饶育蕾，吴玥，朱锐．社会互动对家庭借贷行为影响的实证分析［J］．软科学，2016，30（9）：140-144.

［56］任曙明，张静，赵立强．第三方支付产业的内涵、特征与分类［J］．商业研究，2013，55（3）：96-101.

［57］申创，刘笑天．互联网金融、市场势力与商业银行绩效［J］．当代经济科学，2017，39（5）：16-29.

［58］沈建国，沈佳坤．互联网金融发展历程研究——以阿里巴巴为例［J］．中国市场，2018（22）：188-189.

［59］史清华，黎东升，郑龙真．农户家庭储蓄借贷行为的实证分析——以湖北监利县 178 户调查为例［J］．四川大学学报（哲学社会科学版），2005（2）：5-12.

［60］石光乾，寇娅雯．众筹金融域外立法经验及其监管启示——基于新金融业态视角［J］．广西社会科学，2021（4）：87-94.

［61］司南．进一步激发数字经济潜能［N］．人民日报，2021-07-14（010）.

［62］宋华，伊志宏，张霞，等．普洛斯金融："场景+技术+金融"赋能中

小企业［A］. 中国管理案例共享中心，2020.

［63］苏郁锋，吴能全，周翔. 制度视角的创业过程模型——基于扎根理论的多案例研究［J］. 南开管理评论，2017，20（1）：181-192.

［64］苏晓华，王科. 转型经济中新兴组织场域的制度创业研究——以中国VC/PE行业为例［J］. 中国工业经济，2013（5）：148-160.

［65］苏玉峰. 我国互联网金融系统性风险的特点、形成和监管研究［J］. 改革与战略，2017，33（5）：69-71.

［66］陶梓锋. 论中国金融监管“一行三会”制度的现状与发展［J］. 中国商论，2015（31）：94-96.

［67］田志龙，谢青，陈小洪，等. 分散的能动性与集体性制度创业［J］. 科学学研究，2015，33（6）：887-898.

［68］田轩. 机遇和挑战：扩大金融开放，支持创业创新［J］. 金融经济，2015（23）：18-19.

［69］田剑，徐佳斌. 平台型企业商业模式创新驱动因素研究［J］. 科学学研究，2020，38（5）：949-960.

［70］童馨乐，杨向阳. 社会资本对农户借贷资金来源影响研究［J］. 西北农林科技大学学报（社会科学版），2013，13（4）：74-81.

［71］王江，廖理，张金宝. 消费金融研究综述［J］. 经济研究，2010（S1）：5-29.

［72］王静. 基于金融功能视角的互联网金融形态及对商业银行的冲击［J］. 财经科学，2015（3）：56-65.

［73］王达. 美国互联网金融的发展及中美互联网金融的比较——基于网络经济学视角的研究与思考［J］. 国际金融研究，2014（12）：47-57.

［74］王金龙，乔成云. 互联网金融、传统金融与普惠金融的互动发展［J］. 新视野，2014（5）：14-16.

［75］王飞. 金融深化视野下互联网金融监管研究［D］. 北京交通大学博士学位论文，2019.

[76] 王辉．人民银行金融监管体制的脆弱性分析及改善路径［J］．金融经济，2017（18）：69-71.

[77] 王博，朱沆．制度改善速度与机会型创业的关系研究［J］．管理世界，2020（10）：111-126.

[78] 王晓青．较发达地区农户参与农信社小额信贷程度的影响因素分析——基于苏北金湖农户“直接意愿”调查的实证检验［J］．财贸研究，2011，22（6）：47-55.

[79] 王洪生，杨柳，岳胜男，等．京东众筹平台，梦想汇聚地［A］．中国管理案例共享中心，2017.

[80] 王雪莉，董念念．中国式众筹的信任如何构建和演化？——基于水木客众筹行为的案例研究［J］．管理评论，2018，30（1）：242-255.

[81] 魏鹏．中国互联网金融的风险与监管研究［J］．金融论坛，2014，19（7）：3-9，16.

[82] 吴佳哲．基于羊群效应的 P2P 网络借贷模式研究［J］．国际金融研究，2015，89（11）：88-96.

[83] 谢平，邹传伟．互联网金融模式研究［J］．金融研究，2012（12）：11-22.

[84] 星焱．普惠金融：一个基本理论框架［J］．国际金融研究，2016（9）：21-37.

[85] 星焱．普惠金融的效用与实现：综述及启示［J］．国际金融研究，2015（11）：24-36.

[86] 徐岚，徐青松．从美国经验看“互联网金融”对于国内传统银行业的冲击［J］．上海经济研究，2014（7）：97-101.

[87] 徐二明，肖坚石．中国企业制度创业战略选择探析［J］．科学学与科学技术管理，2016，37（2）：113-122.

[88] 徐二明，肖建强，李维光．创业中的合法性阈值跨越过程研究［J］．管理学报，2018，15（4）：475-484.

［89］徐敏．从阿里金融云的实践看金融上云的意义和路径［J］．清华金融评论，2016（11）：104-106.

［90］邢坤．金融实质监管原则探析［J］．现代管理科学，2019（3）：48-50.

［91］邢小强，周平录，张竹，等．数字技术、BOP 商业模式创新与包容性市场构建［J］．管理世界，2019（12）：116-136.

［92］颜志杰，张林秀，张兵．中国农户借贷特征及其影响因素分析［J］．农业技术经济，2005（4）：2-8.

［93］严予若，郑棣，陆林．家庭禀赋对农户借贷途径影响的实证分析［J］．财经科学，2016（9）：100-111.

［94］杨东．互联网金融的法律规制——基于信息工具的视角［J］．中国社会科学，2015（4）：107-126.

［95］杨汝岱，陈斌开，朱诗娥．基于社会网络视角的农户民间借贷需求行为研究［J］．经济研究，2011（11）：116-129.

［96］叶静怡，刘逸．欠发达地区农户借贷行为及福利效果分析——来自云南省彝良县的调查数据［J］．中央财经大学学报，2011（2）：51-56.

［97］衣凤鹏，徐二明．高管政治关联与企业社会责任［J］．经济与管理研究，2014（5）：5-13.

［98］尤树洋，贾良定．制度创业中的社会认同及其情感机制：H 镇产业集群的质性研究［J］．外国经济与管理，2018，40（9）：3-17.

［99］余英时．儒家伦理与商人精神［M］．桂林：广西师范大学出版社，2004.

［100］张璐昱，王永茂．电商大数据金融下小微企业融资模式研究——基于蚂蚁金服与京东金融的比较［J］．西南金融，2018（7）：53-59.

［101］张智能．互联网众筹模式下的中小企业融资［J］．中国商论，2018（19）：37-38.

［102］张缘成．微信和支付宝的场景之争［N］．农村金融时报，2017-

12-18.

［103］张存萍．我国互联网金融风险防范及政策建议［J］．技术经济与管理研究，2019（11）：78-83.

［104］张璨，刘卫华．互联网金融趋势下商业银行创新文化管理研究［J］．东南大学学报（哲学社会科学版），2014，16（S1）：21-24，82.

［105］张卫国，黄思颖，王超．奖励众筹融资绩效动态预测研究——来自“众筹网”数据的实证［J/OL］．中国管理科学，2020.

［106］曾学文，张帅．我国农户借贷需求影响因素及差异性的实证分析［J］．统计研究，2009，26（11）：82-86.

［107］赵旭升．互联网金融商业模式演进及商业银行的应对策略［J］．金融论坛，2014（10）：11-20.

［108］赵畅．我国金融监管的发展探讨——以银保监会的组建为例［J］．中国市场，2019（19）：9-10.

［109］章元，陆铭．社会网络是否有助于提高农民工的工资水平？［J］．管理世界，2009（3）：45-54.

［110］赵汀阳．作为方法论的中国［J］．陕西师范大学学报（哲学社会科学版），2016，45（2）：5-13.

［111］郑霄鹏，刘文栋．互联网金融对商业银行的冲击及其对策［J］．现代管理科学，2014（2）：80-82.

［112］郑彬华，文玉静．互联网金融与小微企业融资模式［J］．经营与管理，2017（3）：102-104.

［113］郑馨，周先波，陈宏辉，等．东山再起：怎样的国家制度设计能够促进失败再创业？——基于56个国家7年混合数据的证据［J］．管理世界，2019（7）：136-151，181.

［114］中国农业银行山东省分行课题组．商业银行深化互联网金融服务的探索与思考［J］．金融发展研究，2014（3）：35-38.

［115］中国人民银行衡阳市中心支行课题组．互联网金融的创新与监管问题

研究［J］．金融经济，2014（16）：33-35.

［116］周其仁．制度企业家麦高文［J］．IT 经理世界，2000（21）：89-90，92.

［117］朱蓉．中国商业银行社会责任的动因与社会绩效［J］．金融论坛，2014（6）：38-44.

［118］朱蓉．制度创业的条件、实施和制度变革——以京东金融为例［J］．中国流通经济，2017（1）：114-121.

［119］朱光．百度输出金融科技推动金融业进入智能时代［J］．金融电子化，2017（7）：12-13，6.

［120］Acemoglu D.，Robinson J. Why nations fail：The origins of power，prosperity，and poverty［M］．New York：Crown Publishers，2012.

［121］Ács Z.，Storey D. Introduction：Entrepreneurship and economic development［J］．Regional Studies，2004，38（8）：871-877.

［122］Adner R. Ecosystem as structure：An actionable construct for strategy［J］．Journal of Management，2017，43（1）：39-58.

［123］Adner R. Match your innovation strategy to your innovation ecosystem［J］．Harvard Business Review，2006，84（4）：98-107.

［124］Aliero H. M.，Ibrahim S. S. An analysis of farmers access to formal credit in rural areas of Nigeria［J］．African Journal of Agricultural Research，2012，7（47）：6249-6253.

［125］Allen F.，McAndrews J.，Strahan P. E-finance：An introduction［J］．Journal of Financial Services Research，2002，22（1-2）：5-27.

［126］Alvarez S. A.，Young S. L.，Woolley J. L. Opportunities and institutions：A co-creation story of the king crab industry［J］．Journal of Business Venturing，2015，30（1）：95-112.

［127］Amit R.，Zott C. Value creation in E-business［J］．Strategic Management Journal，2001，22（6/7）：493-520.

[128] Amit R., Zott C. Crafting business architecture: The antecedents of business model design [J]. Strategic Entrepreneurship Journal, 2015, 9 (4): 331-350.

[129] Aoyama Y. Entrepreneurship and regional culture: The case of Hamamtsu and Kyoto, Japan [J]. Regional Studies, 2009, 43 (3): 495-512.

[130] Armendáriz B., Morduch J. The economics of microfinance. 2nd ed. [M]. Cambridge: MIT Press, 2010.

[131] Audretsch D. B., Falck O., Feldman M. P., et al. Local entrepreneurship in context [J]. Regional Studies, 2011, 46 (3): 379-389.

[132] Bachmann A., Becker A., Buerckner D., et al. Online peer to peer lending: A literature review [J]. Journal of Internet Banking and Commerce, 2011, 16 (2): 1-18.

[133] Bansal P., Roth K. Why companies go green: A model of ecological responsiveness [J]. Academy of Management Journal, 2000, 43 (4): 717-736.

[134] Battilana J., Leca B., Boxenbaum E. How actors change institutions: Towards a theory of institutional entrepreneurship [J]. Academy of Management Annals, 2009, 3 (1): 65-107.

[135] Battilana J., Dorado S. Building sustainable hybrid organizations: The case of commercial microfinance organizations [J]. Academy of Management Journal, 2010, 53 (6): 1419-1440.

[136] Banerjee A. V., Duflo E. Poor economics: A radical rethinking of the way to fight global poverty [M]. New York: Public Affairs, 2011.

[137] Beckert J. Agency, entrepreneurs and institutional change: The role of strategic choice and institutionalized practices in organizations [J]. Organization Studies, 1999, 20 (5): 777-799.

[138] Bitektine A., Haack P. The "macro" and the "micro" of legitimacy: Toward a multilevel theory of the legitimacy process [J]. Academy of Management Review, 2015, 40 (1): 49-75.

[139] Boubakri N., Cosset J., Saffar W. Political connections of newly privatized firms [J]. Journal of Corporate Finance, 2008, 14 (5): 654-673.

[140] Bridoux F., Stoelhorst J. W. Microfoundations for stakeholder theory: Managing stakeholders with heterogeneous motives [J]. Strategic Management Journal, 2014, 35 (1): 107-125.

[141] Brown C., Thornton M. How entrepreneurship theory created economics [J]. Quarterly Journal of Austrian Economics, 2013, 16 (4): 401-420.

[142] Bosma N., Hessels J., Schutjens V., et al. Entrepreneurship and role models [J]. Journal of Economic Psychology, 2012, 33 (2): 410-424.

[143] Cantillon R. Essai sur la nature du commerce en général [M]. Paris: Institut Coppet, 1755.

[144] Casadesus-Masanell R., Ricart J. E. How to design a winning business model [J]. Harvard Business Review, 2011, 89 (1/2): 100-107.

[145] Castellano S., Khelladi I. How French wine producers use open innovation to gain and manage their legitimacy [J]. Journal of the Knowldege Economy, 2016, 7 (1): 155-171.

[146] Chen Z., Li K., He L. Y. Has internet finance decreased the profitability of commercial banks?: Evidence from China [J]. Emerging Markets Finance and Trade, 2020 (56): 3015-3032.

[147] Chesbrough H., Rosenbloom R. S. The role of the business model in capturing value from innovation: Evidence from Xerox Corporation's technology spin-off companies [J]. Industrial and Corporate Change, 2002, 11 (3): 529-555.

[148] Child J., Lua Y., Tsai T. Institutional entrepreneurship in building an environmental protection system for the People's Republic of China [J]. Organization Studies, 2007, 28 (7): 1013-1034.

[149] Chliova M., Brinckmann J., Rosenbusch N. Is Microcredit a blessing for the poor? A meta-analysis examining development outcomes and contextual considera-

tions [J] . Journal of Business Venturing, 2015, 30 (3): 467-487.

[150] Claessens S. , Glaessner T. , Klingebiel D. Electronic finance: Reshaping the financial landscape around the world [J] . Journal of Financial Services Research, 2002, 22 (1-2): 29-61.

[151] Clauss T. Measuring business model innovation: Conceptualization, scale development, and proof of performance [J] . R&D Management, 2017, 47 (3): 385-403.

[152] Cobb J. A. , Wry T. , Zhao E. Y. Funding financial inclusion: Institutional logics and the contextual contingency of funding for microfinance organizations [J] . Academy of Management Journal, 2016, 59 (6): 2103-2131.

[153] Cohen B. Sustainable valley entrepreneurial ecosystems [J] . Business Strategy and the Environment, 2006, 15 (1): 1-14.

[154] Cumming D. The oxford handbook of entrepreneurial finance [M]. Oxford: Oxford University Press, 2012.

[155] Cummings M. E. , Rawhouser H. , Vismara S. , et al. An equity crowdfunding research agenda: Evidence from stakeholder participation in the rulemaking process [J] . Small Business Economics, 2020 (54): 907-932.

[156] Davis G. F. Managed by the markets: How finance re-shaped America [M] . Oxford: Oxford University Press, 2009.

[157] De Carolis D. M. , Saparito P. Social capital, cognition, and entrepreneurial opportunities: A theoretical framework [J] . Entrepreneurship Theory and Practice, 2006, 30 (1): 41-56.

[158] Demirgüç-Kunt A. , Klapper L. , Singer D. , et al. The global findex database 2017: Measuring fiinancial inclusion and the fintech revolution [R]. Washington, DC: World Bank, 2018.

[159] DiMaggio P. J. Interest and agency in institutional theory [A] //In L. G. Zucker (Eds.), Institutional patterns and organizations: Culture and environ-

ment [C] . Cambridge, MA: Ballinger, 1988.

[160] DiMaggio P. J., Powell W. W. The iron cage revisited: Institutional isomorphism and collective rationality in organizational field [J] . American Sociological Review, 1983, 48 (2): 147-160.

[161] Dobrev S. D., Gotsopoulos A. Legitimacy vacuum, structural imprinting, and the first mover disadvantage [J] . Academy of Management Journal, 2010, 53 (5): 1153-1174.

[162] Dorado S. Institutional entrepreneurship, partaking and convening [J] . Organization Studies, 2005, 26 (3): 385-414.

[163] Dowell G., Hart S., Yeung B. Do corporate environmental standards create or destroy market value? [J] . Management Science, 2000, 46 (8): 1059-1074.

[164] Faccio M., Masulis R., McConnell J. J. Political connections and corporate bailouts [J] . Journal of Finance, 2006, 61 (6): 2597-2653.

[165] Feldman M., Francis J., Bercovitz J. Creating a cluster while building a firm: Entrepreneurs and the formation of industrial clusters [J] . Regional Studies, 2005, 39 (1): 129-141.

[166] Feldman M., Zoller T. D. Dealmakers in place: Social capital connections in regional entrepreneurial economies [J] . Regional Studies, 2012, 46 (1): 23-37.

[167] Feld B. Startup communities: Building an entrepreneurial ecosystem in your city [M] . Hoboken, NJ: Wiley, 2012.

[168] Fiorillo D., Sabatini F. Quality and quantity: The role of social interactions in self-reported individual health [J] . Social Science & Medicine, 2011, 73 (11): 1644-1652.

[169] Fligstein N. Social skill and institutional theory [J] . American Behavioral Scientist, 1997, 40 (4): 397-405.

[170] Foss N. J., Saebi T. Business models and business model innovation: Between wicked and paradigmatic problems [J] . Long Range Planning, 2018, 51

(1): 9-21.

[171] Foss N. J, Klein P. G. Entrepreneurship and the economic theory of the firm: Any gains from trade? [A] //In Acs Z. J. & Audretsch D. B. (Eds.), Handbook of entrepreneurship research: An interdisciplinary survey and introduction [C]. New York: Springer, 2005.

[172] Fritsch M., Schilder D. Does venture capital investment really require spatial proximity? An empirical investigation [J]. Environment and Planning A: Economy and Space, 2008, 40 (9): 2114-2131.

[173] Garud R., Hardy C., Maguire S. Institutional entrepreneurship as embedded agency: An introduction to the special issue [J]. Organization Studies, 2007, 28 (7): 957-969.

[174] Garud R., Jain S., Kumaraswamy A. Institutional entrepreneurship in the sponsorship of common technological standards: The case of Sun Microsystems and Java [J]. Academy of Management Journal, 2002, 45 (1): 196-214.

[175] George G., Bock A. J. The business model in practice and its implications for entrepreneurship research [J]. Entrepreneurship Theory and Practice, 2011, 35 (1): 83-111.

[176] Giné X. Access to capital in rural Thailand: An estimated model of formal versus informal credit [J]. Journal of Development Economics, 2011, 96 (1): 16-29.

[177] Goldman E., Rocholl J., So J. Do politically connected boards affect firm value? [J]. Review of Financial Studies, 2009, 22 (6): 2331-2360.

[178] Greenwood R., Suddaby R. Institutional entrepreneurship in mature fields: The big five accounting firms [J]. Academy of Management Journal, 2006, 49 (1): 27-48.

[179] Greenwood R., Suddaby R., Hinings C. R. Theorizing change: The role of professional associations in the transformation of institutionalized fields [J]. Acade-

my of Management Journal, 2002, 45 (1): 58-80.

[180] Greve A., Salaff J. Social networks and entrepreneurship [J]. Entrepreneurship Theory and Practice, 2003, 28 (1): 1-22.

[181] Hambrick D. C., Mason P. Upper echelons: The organization as a reflection of its top managers [J]. Academy of Management Review, 1984, 9 (2): 193-206.

[182] Hardy C., Maguire S. Institutional entrepreneurship [A] //In R. Greenwood, C. Oliver, K. Sahlin-Andersson & R. Suddaby (Eds.), The SAGE handbook of organizational institutionalism [C]. Thousand Oaks, CA: Sage, 2008.

[183] Hayek F. A. The fatal conceit: The errors of socialism [M]. Chicago: University of Chicago Press, 1990.

[184] Hayek F. A. Socialism and war: Essays, documents, reviews [M]. Chicago: University of Chicago Press, 1997.

[185] Hellman J. S., Jones G., Kaufmann D. Seize the state, seize the day [R]. World Bank Policy Research Working Paper No. 2444, 2000.

[186] Herbst A. F. E-finance: Promises kept, promises unfulfilled, and implications for policy and research [J]. Global Finance Journal, 2001, 12 (2): 205-215.

[187] Hoang H., Antoncic B. Network-based research in entrepreneurship: A critical review [J]. Journal of Business Venturing, 2003, 18 (2): 165-187.

[188] Huggins R., Williams N. Entrepreneurship and regional competitiveness: The role and progression of policy [J]. Entrepreneurship & Regional Development, 2011, 23 (9/10): 907-932.

[189] Klasen S. Measuring and monitoring inclusive growth: Multiple definitions, open questions and some constructive proposals [R]. Sustainable Development Working Paper Series, Asian Develop Bank, 2010.

[190] Jaskiewicz P., Combs J. G., Rau S. B. Entrepreneurial legacy: Toward a

theory of how some family firms nurture transgenerational entrepreneurship? [J]. Journal of Business Venturing, 2015, 30 (1): 29-49.

[191] Jay J. Navigating paradox as a mechanism of change and innovation in hybrid organizations [J] . Academy of Management Journal, 2012, 56 (1): 137-159.

[192] Jennings J. E. , Edwards T. , Jennings P. D. , et al. Emotional arousal and entrepreneurial outcomes: Combining qualitative methods to elaborate theory [J] . Journal of Business Venturing, 2015, 30 (1): 113-130.

[193] Kenney M. , Patton D. Entrepreneurial geographies: Support networks in three high - technology industries [J] . Economic Geography, 2005, 81 (2): 201-228.

[194] Johnson K. W. , Geng L. The debt-payment-to-income ratio as an indicator of borrowing constraints: Evidence from two household surveys [J] . Journal of Money, Credit and Banking, 2010, 42 (7): 1373-1390.

[195] Johnson S. , Mitton T. Cronyism and capital controls: Evidence from Malaysia [J] . Journal of Financial Economics, 2003, 67 (2): 351-382.

[196] Kirzner I. M. The meaning of market process: Essays in the development of modern Austrian economics [M] . London: Routledge, 1992.

[197] Klein P. G. Opportunity discovery, entrepreneurial action, and economic organization [J] . Strategic Entrepreneurship Journal, 2008, 2 (3): 175-190.

[198] Knight F. H. Risk, uncertainty and profit [M] . Boston, MA: Houghton Mifflin Company, 1921.

[199] Knight J. , Yueh L. The role of social capital in the labor market in China [J] . Economics of Transition, 2008, 16 (3): 389-414.

[200] Kruse D. J. , Goeldner M. , Eling K. , et al. Looking for a needle in a haystack: How to search for bottom - up social innovations that solve complex humanitarian problems [J] . Journal of Product Innovation Management, 2019, 36 (6): 671-694.

［201］ Lafuente E.，Yancy V.，Rialp J. Regional differences in the influence of role models：Comparing the entrepreneurial process of rural Catalonia［J］. Regional Studies，2007，41（6）：779–795.

［202］ Landstrom H.，Parhankangas A.，Mason C. Handbook of research on crowdfunding［M］. Cheltenham：Edward Elgar Publishing Limited，2019.

［203］ Lawrence T. B.，Hardy C.，Phillips N. Institutional effects of interorganizational collaboration：The emergence of proto-institutions［J］. Academy of Management Journal，2002，45（1）：281–290.

［204］ Lawrence T. B.，Suddaby R. Institutions and institutional work［A］// In S. R. Clegg，C. Hardy，T. B. Lawrence & W. R. Nord（Eds.），Handbook of organization studies［C］. London：Sage，2006.

［205］ Lawrence T. B.，Phillips N. From moby dick to free willy：Macro-cultural discourse and institutional entrepreneurship in emerging institutional fields［J］. Organization，2004，11（5）：689–711.

［206］ Lawrence T. B. Institutional strategy［J］. Journal of Management，1999，25（2）：161–188.

［207］ Levy D.，Scully M. The institutional entrepreneur as modern prince：The strategic face of power in contested fields［J］. Organization Studies，2007，28（7）：971–991.

［208］ Lewin K. Frontiers in group dynamics［J］. Human Relations，1947，1（1）：5–41.

［209］ Lin L，Geng X.，Whinston A. A new perspective to finance and competition and challenges for financial institutions in the internet era［J］. BIS Papers Chapters，2001（7）：13–25.

［210］ Maguire S.，Hardy C.，Lawrence T. B. Institutional entrepreneurship in emerging fields：HIV/AIDS treatment advocacy in Canada［J］. Academy of Management Journal，2004，47（5）：657–679.

[211] Magretta J. Why business models matter [J]. Harvard Business Review, 2002, 80 (5): 86-92.

[212] Malecki E. J. Regional social capital: Why it matters [J]. Regional Studies, 2011, 46 (8): 1023-1039.

[213] Marquis C., Battilana J. Acting globally but thinking locally? The influence of local communities on organizations [A] // In B. M. Staw & A. P. Brief (Eds.), Research in organizational behavior [C]. New York: Elsevier Science, 2009.

[214] Marquis C., Lounsbury M. Vive la resistance: Competing logics and the consolidation of U. S. community banking [J]. Academy of Management Journal, 2007, 50 (4): 799-820.

[215] Maskara P. K., Kuvvet E., Chen G. The role of P2P platforms in enhancing financial inclusion in the United States: An analysis of peer-to-peer lending across the rural-urban divide [J/OL]. Financial Management, 2021.

[216] Massa L., Tucci C. L., Afuah A. A critical assessment of business model research [J]. Academy of Management Annals, 2017, 11 (1): 73-104.

[217] Mason C., Brown R. Creating good public policy to support high-growth firms [J]. Small Business Economics, 2013, 40 (2): 211-225.

[218] McPherson C. M., Sauder M. Logics in action: Managing institutional complexity in a drug court [J]. Administrative Science Quarterly, 2013, 58 (2): 165-196.

[219] Mendoza R. U., Thelen N. Innovations to make markets more inclusive for the poor [J]. Development Policy Review, 2008, 26 (4): 427-458.

[220] Mathias B. D., Williams D. W., Smith A. R. Entrepreneurial inception: The role of imprinting in entrepreneurial action [J]. Journal of Business Venturing, 2015, 30 (1): 11-28.

[221] Mises L. V. Human action: A treatise on economics [M]. New Haven: Yale University Press, 1949.

[222] Misangyi V. F., Weaver G. R., Elms H. Ending corruption: The interplay among institutional logics, resources and institutional entrepreneurs [J]. Academy of Management Review, 2008, 33 (3): 750-770.

[223] Nambisan S., Baron R. A. Entrepreneurship in innovation ecosystems: Entrepreneurs' self-regulatory processes and their implications for new venture success [J]. Entrepreneurship Theory and Practice, 2013, 37 (5): 1071-1097.

[224] Neck H. M., Meyer G. D., Cohen B., et al. An entrepreneurial system view of new venture creation [J]. Journal of Small Business Management, 2004, 42 (2): 190-208.

[225] Nelles J., Bramwell A., Wolfe D. A. History, culture and path dependency: Origins of the Waterloo ICT cluster [A] // In D. A. Wolfe & M. Lucas (Eds.), Global networks and local linkages: The paradox of development in an open economy [C]. Montreal: McGill-Queen's University Press, 2005.

[226] Nina T. Empirical analysis on rural households' borrowing behavior: The case of Central Java [J]. Asia-Pacific Journal of Rural Development, 2009, 19 (1): 67-86.

[227] North D. C., Wallis J. J., Weingast B. R. Violence and social orders: A conceptual framework for interpreting recorded human history [M]. Cambridge, UK: Cambridge University Press, 2009.

[228] Oliver C. Strategic responses to institutional processes [J]. Academy of Management Review, 1991, 16 (1): 145-179.

[229] Oliver C. The influence of institutional and task environment relationships on organizational performance: The Canadian construction industry [J]. Journal of Management Studies, 1997, 34 (1): 99-124.

[230] Owen-Smith J., Powell W. Knowledge networks as channels and conduits: The effects of spillovers in the Boston biotechnology community [J]. Organization Science, 2004, 15 (1): 5-21.

[231] Peng M. W., Heath P. The growth of the firm in planned economies in transition: Institutions, organizations, and strategic choice [J]. Academy of Management Review, 1996, 21 (2): 492-528.

[232] Peng M. W. Global strategy [M]. Beijing: Post and Telecom Press, 2007.

[233] Peprah A. A., Giachetti C., Larsen M. M., et al. How business model evolve in weak institutional environments: The case of Jumia, the Amazon. Com of Africa [J/OL]. Organization Science, 2021.

[234] Phillips N., Lawrence T. B., Hardy C. Inter-organizational collaboration and the dynamics of institutional fields [J]. Journal of Management Studies, 2000, 37 (1): 23-44.

[235] Prabalad C. K., Ramaswamy V., Biswas S. The future of competition: Co-creating unique value with customers [J]. Advances in Competitiveness Research, 2004, 12 (1): 100-101.

[236] Prahalad C. K. The fortune at the bottom of the pyramid: Eradicating poverty through profits [M]. New Jersey: Wharton School Publishing, 2005.

[237] Qian H., Acs Z. J., Stough R. R. Regional systems of entrepreneurship: The nexus of human capital, knowledge and new firm formation [J]. Journal of Economic Geography, 2013, 13 (4): 559-587.

[238] Sabharwal M. Is diversity management sufficient? Organizational inclusion to further performance [J]. Public Personnel Management, 2014, 43 (2): 197-217.

[239] Rao H., Morrill C., Zald M. N. Power plays: How social movements and collective action create new organizational forms [A] // In B. M. Staw & R. I. Sutton (Eds.), Research in organizational behavior [C]. New York: Elsevier/JAI, 2000.

[240] Rasiah D. Review of literature and theories on determinants of commercial bank profitability [J]. Journal of Performance Management, 2010, 23 (1): 23-49.

[241] Ravishankar M. N. Social innovations and the fight against poverty: An analysis of India's first prosocial P2P lending platform [J]. Information Systems Journal, 2021 (SI): 1-22.

[242] Sarasvathy S. D. Causation and effucation: Toward a theoretical shift from economic inevitability to entrepreneurial contingency [J]. Academy of Management Review, 2001, 26 (2): 243-263.

[243] Saxenian A. Regional advantage: Culture and competition in Silicon Valley and Route 128 [M]. Cambridge, MA: Harvard University Press, 1994.

[244] Schumpeter J. A. The creative response in economic history [J]. Journal of Economic History, 1947, 7 (2): 149-159.

[245] Schwartz M. S., Carroll A. B. Corporate social responsibility: A three-domain approach [J]. Business Ethics Quarterly, 2003, 13 (4): 503-530.

[246] Scott W. R. Unpacking institutional arguments [A] // In W. Powell & P. DiMaggio (Eds.), The new institutionalism in organizational analysis [C]. Chicago: University of Chicago Press, 1991.

[247] Scott W. R. Organizations: Rational, natural and open systems. 2nd ed. [M]. Englewood Cliffs, NJ: Prentice Hall, 1987.

[248] Seo M., Creed W. E. D. Institutional contradictions, praxis, and institutional change: A dialectical perspective [J]. Academy of Management Review, 2002, 27 (2): 222-247.

[249] Shafi K. Investors' evalution criteria in equity crowdfunding [J]. Small Business Economics, 2021 (56): 3-37.

[250] Shane S., Cable D. Network ties, reputation, and the financing of new ventures [J]. Management Science, 2002, 48 (3): 364-381.

[251] Shleifer A., Vishny R. W. Politicians and firms [J]. Quarterly Journal of Economics, 1994, 109 (4): 995-1025.

[252] Shore L. M., Randel A. E., Chung B. G., et al. Inclusion and diversity

in work groups: A review and model for future research [J] . Journal of Management, 2011, 37 (4): 1262-1289.

[253] Simsek Z., Fox B. C., Heavey C. What's past is prologue: A framework, review, and future directions for organizational research on imprinting [J] . Journal of Management, 2015, 41 (1): 288-317.

[254] Smith H. L., Chapman D., Wood P., et al. Entrepreneurial academics and regional innovation systems: The case of spin-offs from London's universities [J] . Environment and Planning C: Government and Policy, 2014, 32 (2): 341-359.

[255] Spencer J. W., Murtha T. P., Lenway S. How governments matter to new industry creation [J] . Academy of Management Review, 2005, 30 (2): 321-337.

[256] Spencer J. Global gatekeeping, representation, and network structure: A longitudinal analysis of regional and global knowledge-diffusion networks [J] . Journal of International Business Studies, 2003, 34 (5): 428-443.

[257] Spigel B. The relational organization of entrepreneurial ecosystems [J] . Entrepreneurship Theory and Practice, 2017, 41 (1): 49-72.

[258] Spilling O. R. The entrepreneurial system: On entrepreneurship in the context of a mega-event [J] . Journal of Business Research, 1996, 36 (1): 91-103.

[259] Steinfield L., Holt D. Toward a theory on the reproduction of social innovations in subsistence marketplaces [J] . Journal of Product Innovation Management, 2019, 36 (6): 764-799.

[260] Stephan U., Andries P., Daou A. Goal multiplicity and innovation: How social and economic goals affect open innovation and innovation performance [J] . Journal of Product Innovation Management, 2019, 36 (6): 721-743.

[261] Steijvers T., Voordeckers W., Vanhoof K. Collateral, relationship lending and family firms [J] . Small Business Economics, 2010, 34 (3): 243-259.

[262] Stiglitz J. E., Greenwald B. C. Creating a learning society: A new ap-

proach to growth, development, and social progress [M]. New York: Columbia University Press, 2015.

[263] Strang D., Sine W. D. Inter - organizational institutions [A] // In J. Baum (Eds.), Companion to organizations [C]. Oxford, UK: Blackwell, 2002.

[264] Suchman M. C. Managing legitimacy: Strategic and institutional approaches [J]. Academy of Management Review, 1995, 20 (3): 571-610.

[265] Suddaby R., Foster W. M. History and organizational change [J]. Journal of Management, 2017, 43 (1): 19-38.

[266] Suddaby R., Bitektine A., Haack P. Legitimacy [J]. Academy of Management Annuals, 2017, 11 (1): 451-478.

[267] Sun S. L., Shi W. S., Ahlstrom D., et al. Understanding institutions and entrepreneurship: The microfoundations lens and emerging economies [J]. Asia Pacific Journal of Management, 2020, 37 (4): 957-979.

[268] Sun S. L., Im J. Cutting microfinance interest rates: An opportunity co-creation perspective [J]. Entrepreneurship Theory and Practice, 2015, 39 (1): 101-128.

[269] Tantalo C., Priem R. L. Value creation through stakeholder synergy [J]. Strategic Management Journal, 2016, 37 (2): 314-329.

[270] Teece D. J. Business models, business strategy and innovation [J]. Long Range Planning, 2010, 43 (2/3): 172-194.

[271] Thompson J. D., MacMillan I. C. Making social ventures work [J]. Harvard Business Review, 2010, 88 (9): 66-73.

[272] Thornton P. H., Ocasio W., Lounsbury M. The institutional logics perspective: A new approach to culture structure and process [M]. Oxford: Oxford University Press, 2012.

[273] Thornton P., Ocasio W. Institutional logics [A] // In R. Greenwood, C. Oliver, R. Suddaby & K. Sahlin Andersson (Eds.), Handbook of organizational in-

stitutionalism [C] . London: Sage, 2008.

[274] Tracey P., Phillips N., Jarvis O. Bridging institutional entrepreneurship and the creation of new organizational forms: A multilevel model [J] . Organization Science, 2011, 22 (1): 60-80.

[275] Totterman H., Sten J. Start-ups: Business incubation and social capital [J] . International Small Business Journal, 2005, 23 (5): 487-511.

[276] Tsai K. S. Imperfect Substitutes: The local political economy of informal finance and microfinance in Rural China and India [J] . World Development, 2004, 32 (9): 1487-1507.

[277] Turvey C. G., He G., Kong R., et al. The 7 Cs of rural credit in China [J] . Journal of Agribusiness in Developing and Emerging Economies, 2011, 1 (2): 100-133.

[278] Verleye K., Perks H., Gruber T., et al. The long and winding road: Building legitimacy for complex social innovation in networks [J] . Journal of Product Innovation Management, 2019, 36 (6): 695-720.

[279] Wirtz B. W., Daiser P. Business model development: A customer-oriented perspective [J] . Journal of Business Models, 2018a, 6 (3): 24-44.

[280] Wirtz B. W., Daiser P. Business model innovation processes: A systematic literature review [J] . Journal of Business Models, 2018b, 6 (1): 40-58.

[281] Wolfe D. The role of universities in regional development and cluster formation [A] // In G. Jones, P. McCarney & M. Skolnik (Eds.), Creating knowledge, strengthening nations [C] . Toronto: University of Toronto Press, 2005.

[282] Xia L., Gan C., Hu B. Accessibility to microcredit by Chinese rural household [J] . Journal of Asian Economics, 2011, 22 (3): 235-246.

[283] Zhao Y. Research on personal credit evaluation of internet finance based on blockchain and decision tree algorithm [J] . EURASIP Journal on Wireless Communications and Networking, 2020 (1): 1-12.

[284] Zhong C., Pan L., Shu L. Do religious beliefs affect borrowing behavior? Evidence from Chinese households [J]. Review of Economics of the Household, 2016, 14 (4): 989-1005.

[285] Zimmerman M. A., Zeitz G. J. Beyond survival: Achieving new venture growth by building legitimacy [J]. Academy of Management Review, 2002, 27 (3): 414-431.

[286] Zott C., Amit R. The fit between product market strategy and business model: Implications for firm performance [J]. Strategic Management Journal, 2008, 29 (1): 1-26.

[287] Zott C., Amit R. Business model design: An activity system perspective [J]. Long Range Planning, 2010, 43 (2/3): 216-226.

[288] Zott C., Amit R. Business model innovation: How to create value in a digital world [J]. GfK-Marketing Intelligence Review, 2017, 9 (1): 19-23.

后　记

党的十九届五中全会明确提出："发展数字经济，推进数字产业化和产业数字化，推动数字经济和实体经济深度融合，打造具有国际竞争力的数字产业集群。"金融作为现代经济的核心，如何加快金融业数字化转型并服务好数字经济发展，是当前的重要任务。

金融业数字化转型是适应现代生产力发展规律的必然要求。当前，人工智能、区块链、云计算、大数据等数字技术与金融业紧密结合，为金融业数字化转型提供了技术条件和历史机遇。金融业数字化转型既能为数字产业化提供金融支持，也能为产业数字化提供典型示范。

在互联网金融场域中，金融和科技融合创新，以互联网金融、移动金融等为代表的金融新业态、新应用不断发展，传统金融机构和金融科技公司的竞合关系初步形成。金融科技渗透到支付、借贷、证券、保险等各个金融服务领域，提升了服务效率、降低了交易成本、发展了金融普惠性。互联网金融场域的行动者借鉴吸收国际同行经验，并结合中国互联网金融的实际情况，创新互联网金融产品和服务，完善金融科技监管框架。

互联网金融未改变金融的本质属性，由于互联网金融跨区域、混业经营的特点，风险的扩散速度更快、波及面更广，实施审慎的监管政策是必要的。中国金融管理部门在反垄断、数据管理、消费者保护等方面对互联网金融实施了适度而有效的监管。互联网金融场域的行动者需要在保持创新活力和保护消费者权利之间获得平衡，坚持并实现科技向善。

朱蓉

2021 年 8 月于北京